老虎市政图集——人行道

李志良　主编

中国建筑工业出版社

图书在版编目（CIP）数据

老虎市政图集——人行道/李志良主编．—北京：中国建筑工业出版社，2009

ISBN 978-7-112-11558-7

Ⅰ．老…　Ⅱ．李…　Ⅲ．人行道-市政工程-图集

Ⅳ．U412.37-64

中国版本图书馆 CIP 数据核字（2009）第 216917 号

本册图集详细介绍了人行道结构，特别是人行道板块的材料类别、规格尺寸、工艺要求和质量标准，具有很强的实用性和可操作性。可供从事市政道路、公路工程的设计和施工人员使用，也是其他建筑专业人员了解和学习道路知识的参考资料。

* * *

责任编辑：王　磊　姚荣华

责任设计：赵明霞

责任校对：陈　波　赵　颖

老虎市政图集——人行道

李志良　主编

*

中国建筑工业出版社出版、发行（北京西郊百万庄）

各地新华书店、建筑书店经销

北京红光制版公司制版

北京凌奇印刷有限责任公司印刷

*

开本：787×1092 毫米　1/16　印张：4½　字数：110 千字

2010 年 1 月第一版　　2011 年 1 月第二次印刷

定价：**15.00** 元

ISBN 978-7-112-11558-7

（18812）

前　言

改革开放，加速了我国城市化进程，提高了城市化水平，推进了国家的现代化。特别是我国在城市基础设施方面进行了大规模的投入，城市建设取得令世人瞩目的成就，城市道路面积持续以 10％的速度高速增长。

为了丰富市政结构工程，给广大市政工程技术人员提供更多更好的施工详图和推动我国建筑标准化设计工作，老虎空间论坛组织编写了《老虎市政》系列图集，将陆续出版《人行道》、《路缘石》、《无障碍设计》、《附属工程》等。本套图集以适用为主，收集市政工程中常用的材料、多用的构件、通用的作法，供市政设计和施工人员及构件生产厂家参考选用。

图集的编号规则：

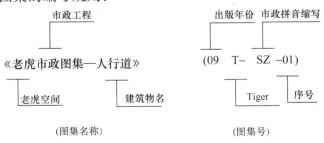

由于市政道路既是交通的网络、管线的载体，也是景观的轴线；其工程建设涉及到城市规划、给水排水、电力路灯、通信有线、燃气供热、抗震防灾、环境卫生和园林绿化等专业，线长面广，加之编写时间比较短促、调查研究不够充分，缺点和错误在所难免，欢迎大家批评指正。同时邀请相关专业的同行来老虎空间（网址：www.tigerspace.net/bbs/）及市政工程技术群（群号：85093318）交流，共同为我国城市的发展和建设出谋划策、添砖加瓦。

本图集编写过程中，得到中国建筑工业出版社的大力支持，长沙悍马建筑工程设计有限公司张杰振协助编写，在此一并致谢。

《老虎市政图集》编辑委员会

主　任：李志良　长沙经济技术开发区管委会

副主任：杨俊炜　上海凯腾幕墙设计咨询公司

本册主编：李志良　电子邮箱 shizheng110@126.com

目　　录

总　说　明

1. 编制目的

为了总结各地常用的工程做法，老虎空间论坛推出老虎市政系列图集，供广大工程技术人员设计和施工时参考使用。

2. 设计依据

（1）《城市道路设计规范》（CJJ 37—90）；

（2）《混凝土路面砖》（JG/T 446—2000）；

（3）《城市道路——人行道铺砌》（05MR203）；

（4）《天然花岗岩建筑板材》（GB/T 18601—2001）；

（5）《公路水泥混凝土路面设计规范》；

（6）《公路沥青路面设计规范》；

（7）《港口道路、堆场铺面设计与施工规范》（JTJ 296—96）；

（8）《联锁型路面砖路面施工及验收规程》（CJJ 79—98）；

（9）《道路工程制图标准》（GB 50162—92）；

（10）《中国古建筑瓦石营法》；

（11）《上海市道路人行道设计指南》；

（12）《彩色沥青路面技术指南》；

（13）《城市道路混凝土路面砖》（DB11/T 152—2003）；

（14）《建筑装饰工程石材应用技术规程》（DB11/T

512—2007）；

（15）《陶瓷砖》（GB/T 4100—2006）。

3. 适用范围

（1）本册图集适用于城镇道路的主干道、次干道、支路及厂矿和小区道路的人行道和停车场、步行街的施工图设计；公路工程可参照本图集使用。

（2）本图集根据人行道的使用情况分为步行街、广场和停车场、主干道、次干道、支路和小区道路等多种方案，设计人员可依据道路的等级和路基实际情况选择采用。

（3）对于常年冻土、软弱土、液化土、膨胀土、湿陷性黄土等特殊地区，应先按相关规范进行路基处理。

4. 人行道的分类

人行道是人们步行的通道，即道路中用路缘石或护栏及其他类似设施加以分隔专供人通行的部分。

人行道应防滑，其抗滑性能指标BPN≥65。

（1）人行道与步行街的面层设计

面层按外观分为砌块面层和整体面层；砌块面层按材料分为混凝土路面砖、石材和广场砖；混凝土路面砖按形状分为普通路面砖（简称：普通砖）和联锁型路面砖（简称：联锁砖），按制作工艺分为机压混凝土砖、塑模混凝土砖（简称：塑模砖）和预制混凝土板（简称：混凝土板）；机压混凝土砖又分为普通机压砖（简称：机压砖）和透水机压砖（简称：透水砖），也可分为本色砖和彩色砖，彩色机压砖根据色料的多少分为通体砖和彩面砖。整体面层为水泥混凝土和沥青混凝土，按颜色又可分为本色和彩色。

石材包括花岗石、大理石和板石；一般采用天然石材，表面可采用机刨、火烧、剁斧及喷砂等工艺处理。

广场砖用于铺砌广场及道路的陶瓷砖，有方形、圆角方形、长形及七边形、梯形和三角形等，其外表分平面、小波纹和大波纹等，而各面状又有加麻点和不加麻点之分。

1）混凝土路面砖材料应符合下列要求

a. 普通人行道混凝土路面砖：

抗压强度不小于 C_c40；当边长与厚度比值 $\geqslant 5$ 时，其抗折强度等级 $C_f \geqslant 4.0$。

b. 有停车人行道混凝土路面砖：

抗压强度不小于 C_c50；当边长与厚度比值 $\geqslant 5$ 时，其抗折强度等级 $C_f \geqslant 5.0$。

c. 步行街：

抗压强度不小于 C_c60；当边长与厚度比值 $\geqslant 5$ 时，其抗折强度等级 $C_f \geqslant 6.0$。

2）石材应符合下列要求

干燥压缩强度不小于 90.0MPa，弯曲强度不小于 8.0MPa，表面应进行防滑处理。

3）广场砖应符合下列要求

吸水率不超过 0.5％，磨擦系数大于 0.4，破坏强度平均值不小于 1300N。

（2）人行道基层设计

基层材料主要为水泥混凝土、水泥稳定类、石灰稳定类。

a. 水泥混凝土基层应符合下列要求

抗压强度不小于 C15，小区道路可采用 C10。

b. 水泥稳定类基层应符合下列要求

抗压回弹模量 $E \geqslant 1300MPa$，压实度 $\geqslant 95\%$。

c. 石灰粉煤灰稳定砂砾基层应符合下列要求

抗压回弹模量 $E \geqslant 1300MPa$，压实度 $\geqslant 95\%$。

d. 石灰稳定土基层应符合下列要求

抗压回弹模量 $E \geqslant 600MPa$，压实度 $\geqslant 93\%$。

e. 垫层应符合下列要求

级配砂砾抗压回弹模量 $E \geqslant 180MPa$，压实度 $\geqslant 93\%$。

（3）人行道与步行街的土基设计

土基抗压回弹模量 $E_0 \geqslant 20MPa$，压实度 $\geqslant 90\%$。

5. 选用要求

（1）选用推荐结构时。应结合当地筑路材料，用模量相近的其他材料替代表中的基层或垫层。

（2）选用推荐结构时，各类材料配合比设计应根据重型击实标准，经混合料 7d（在非冰冻区 25℃或冰冻区 20℃条件下湿养 6d、浸水 1d）龄期的无侧限抗压强度试验确定。

材　　料	水泥稳定类	二灰稳定类	石灰稳定类
抗压强度（MPa）	$\geqslant 2.0$	$\geqslant 0.6$	$\geqslant 0.5$

注：二灰指石灰、粉煤灰

6. 树池

（1）本图集中树池边框材料采用素混凝土、钢筋混凝土和花岗岩或其他石材。外型为长方形、正方形、六边形和圆形，选用时由设计人根据工程实际情况自行确定。树篦采用球墨铸铁（杆件最小宽度 20mm，空隙 25～30mm，应设置锁具以防盗）；采用复合材料（杆件最小宽度 40mm，空隙 30～40mm，应设置拼接企口）或预制混凝土件，表面均应设置装饰纹线，应根据美观要求丰富图案。

（2）树池边框及花坛石应与人行道共用基础并同时施工，其底部结构厚度不得小于人行道基础。

（3）当人流较多时树池边框宜与人行道板平齐安砌，且加设树篦以保护树木正常生长。

（4）图集中的树篦样式供选用时参考，具体尺寸以单体设计图为准。

（5）行道树一般采用慢生树种，当采用速生树种时，应采用较大的树池。

7. 其他

（1）本图集中的尺寸，除注明外均以毫米为单位。

（2）树池边框的外露部分必须倒棱，以消除安全隐患，图中未注明时均采用圆角且半径大于 5mm。

（3）混凝土、石材和广场砖等材料的物理力学指标的检测方法不同，详见相关行业标准。

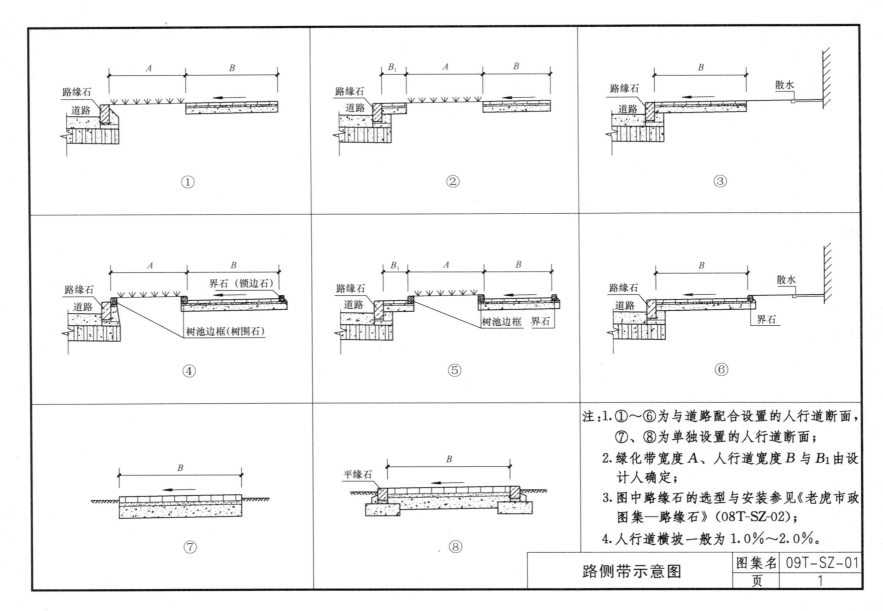

注:1. ①~⑥为与道路配合设置的人行道断面，⑦、⑧为单独设置的人行道断面；

2. 绿化带宽度 A、人行道宽度 B 与 B_1 由设计人确定；

3. 图中路缘石的选型与安装参见《老虎市政图集—路缘石》(08T-SZ-02)；

4. 人行道横坡一般为 1.0%~2.0%。

| 路侧带示意图 | 图集名 | 09T-SZ-01 |
| | 页 | 1 |

面层类型	混凝土路面砖		花岗石	广场砖	简图
	机压型	透水型			
结构做法	-混凝土路面砖厚8cm -刮素水泥浆厚0.3cm -M15干硬性水泥砂浆厚3cm -C25砾石混凝土厚15cm -5%水泥稳定砂砾厚15cm ①	-透水砖厚10cm -刮素水泥浆厚0.3cm -M15干硬性水泥砂浆厚3cm -C25砾石混凝土厚15cm -5%水泥稳定砂砾厚18cm ②	-花岗石板厚5cm -刮素水泥浆厚0.3cm -M15干硬性水泥砂浆厚3cm -C25砾石混凝土厚15cm -5%水泥稳定砂砾厚18cm ③	-广场砖厚1.8cm -刮素水泥浆厚0.5cm -M15干硬性水泥砂浆厚3cm -C25砾石混凝土厚15cm -5%水泥稳定砂砾厚20cm ④	-面层（刮素水泥浆） -M15干硬性水泥砂浆 -C25砾石混凝土 -5%水泥稳定砂砾
	-混凝土路面砖厚8cm -刮素水泥浆厚0.3cm -M15干硬性水泥砂浆厚3cm -6%水泥稳定砂砾厚20cm -4%水泥稳定砂砾厚22cm ⑤	-透水砖厚10cm -刮素水泥浆厚0.3cm -M15干硬性水泥砂浆厚3cm -6%水泥稳定砂砾厚20cm -4%水泥稳定砂砾厚22cm ⑥	-花岗石板厚5cm -刮素水泥浆厚0.3cm -M15干硬性水泥砂浆厚3cm -6%水泥稳定砂砾厚20cm -4%水泥稳定砂砾厚22cm ⑦	-广场砖厚1.8cm -刮素水泥浆厚0.5cm -M15干硬性水泥砂浆厚3cm -6%水泥稳定砂砾厚20cm -4%水泥稳定砂砾厚25cm ⑧	-面层（刮素水泥浆） -M15干硬性水泥砂浆 -6%水泥稳定砂砾 -4%水泥稳定砂砾
	-混凝土路面砖厚8cm -刮素水泥浆厚0.3cm -M15干硬性水泥砂浆厚3cm -石灰粉煤灰稳定砂砾厚22cm -8%石灰稳定土厚25cm ⑨	-透水砖厚10cm -刮素水泥浆厚0.3cm -M15干硬性水泥砂浆厚3cm -石灰粉煤灰稳定砂砾厚22cm -8%石灰稳定土厚25cm ⑩	-花岗石板厚5cm -刮素水泥浆厚0.3cm -M15干硬性水泥砂浆厚3cm -石灰粉煤灰稳定砂砾厚22cm -8%石灰稳定土厚25cm ⑪	-广场砖厚1.8cm -刮素水泥浆厚0.5cm -M15干硬性水泥砂浆厚3cm -石灰粉煤灰稳定砂砾厚25cm -8%石灰稳定土厚25cm ⑫	-面层（刮素水泥浆） -M15干硬性水泥砂浆 -石灰粉煤灰稳定砂砾 -8%石灰稳定土

注：1. 本图适用于步行街和广场；
2. 应结合当地情况选用基层材料，可用碎石混凝土代替砾石混凝土、水泥稳定碎石代替水泥稳定砂砾、石灰粉煤灰稳定碎石代替石灰粉煤灰砂砾；
3. 土基压实度≥95%；
4. 土基抗压回填模量 E_0≥30MPa；
5. 混凝土基层应按水泥混凝土路面规定设置横缝、纵缝，其设计要求和施工方法参见《老虎市政图集—水泥混凝土路面》；
6. 面层的伸缝对应于基层的伸缝设置，做法详见第7页。

人行道路面结构图（一）	图集名	09T-SZ-01
	页	2

面层类型	混凝土路面砖		花岗石	广场砖	简图
	机压型	植草型			
结 构 做 法	-混凝土路面砖厚6cm -刮素水泥浆厚0.3cm -M15干硬性水泥砂浆厚3cm -C20砾石混凝土厚15cm -5%水泥稳定砂砾厚15cm ①	-植草砖厚8cm -刮素水泥浆厚0.3cm -M15干硬性水泥砂浆厚3cm -C20砾石混凝土厚15cm -5%水泥稳定砂砾厚15cm ②	-花岗石板厚5cm -刮素水泥浆厚0.3cm -M15干硬性水泥砂浆厚3cm -C20砾石混凝土厚15cm -5%水泥稳定砂砾厚15cm ③	-广场砖厚1.6cm -刮素水泥浆厚0.5cm -M15干硬性水泥砂浆厚3cm -C20砾石混凝土厚15cm -5%水泥稳定砂砾厚18cm ④	-面层（刮素水泥浆） -M15干硬性水泥砂浆 -C20砾石混凝土 -5%水泥稳定砂砾 $E_0{\geqslant}25MPa$
	-混凝土路面砖厚6cm -刮素水泥浆厚0.3cm -M15干硬性水泥砂浆厚3cm -6%水泥稳定砂砾厚15cm -4%水泥稳定砂砾厚18cm ⑤	-植草砖厚8cm -刮素水泥浆厚0.3cm -M15干硬性水泥砂浆厚3cm -6%水泥稳定砂砾厚15cm -4%水泥稳定砂砾厚18cm ⑥	-花岗石板厚5cm -刮素水泥浆厚0.3cm -M15干硬性水泥砂浆厚3cm -6%水泥稳定砂砾厚15cm -4%水泥稳定砂砾厚18cm ⑦	-广场砖厚1.6cm -刮素水泥浆厚0.5cm -M15干硬性水泥砂浆厚3cm -6%水泥稳定砂砾厚15cm -4%水泥稳定砂砾厚20cm ⑧	-面层（刮素水泥浆） -M15干硬性水泥砂浆 -6%水泥稳定砂砾 -4%水泥稳定砂砾
	-混凝土路面砖厚6cm -刮素水泥浆厚0.3cm -M15干硬性水泥砂浆厚3cm -石灰粉煤灰稳定砂砾厚18cm -8%石灰稳定土厚20cm ⑨	-植草砖厚8cm -刮素水泥浆厚0.3cm -M15干硬性水泥砂浆厚3cm -石灰粉煤灰稳定砂砾厚18cm -8%石灰稳定土厚20cm ⑩	-花岗石板厚5cm -刮素水泥浆厚0.3cm -M15干硬性水泥砂浆厚3cm -石灰粉煤灰稳定砂砾厚18cm -8%石灰稳定土厚20cm ⑪	-广场砖厚1.6cm -刮素水泥浆厚0.5cm -M15干硬性水泥砂浆厚3cm -石灰粉煤灰稳定砂砾厚18cm -8%石灰稳定土厚25cm ⑫	-面层（刮素水泥浆） -M15干硬性水泥砂浆 -石灰粉煤灰稳定砂砾 -8%石灰稳定土

注：1. 本图适用于有停车要求的人行道；
2. 应结合当地情况选用基层材料，可用碎石混凝土代替砾石混凝土、水泥稳定碎石代替水泥稳定砂砾、石灰粉煤灰稳定碎石代替石灰粉煤灰砂砾；
3. 土基压实度≥93%；
4. 土基抗压回弹模量 $E_0{\geqslant}25MPa$；
5. 混凝土基层应按水泥混凝土路面规定设置横缝、纵缝，其设计要求和施工方法参见《老虎市政图集—水泥混凝土路面》；
6. 面层的伸缝对应于基层的伸缝设置，做法详见第7页。

人行道路面结构图（二）	图集名	09T-SZ-01
	页	3

面层类型	混凝土路面砖		花 岗 石	广 场 砖	简 图
	机压型	预制板			
结构做法	－混凝土路面砖厚5cm －刮素水泥浆厚0.3cm －M10干硬性水泥砂浆厚3cm －C15砾石混凝土厚15cm ①	－混凝土板厚6cm －刮素水泥浆厚0.3cm －M10干硬性水泥砂浆厚3cm －C15砾石混凝土厚15cm ②	－花岗石板厚4cm －刮素水泥浆厚0.3cm －M15干硬性水泥砂浆厚3cm －C15砾石混凝土厚15cm ③	－广场砖厚1.5cm －刮素水泥浆厚0.5cm －M10干硬性水泥砂浆厚3cm －C15砾石混凝土厚18cm ④	－面层（刮素水泥浆） M10干硬性水泥砂浆 －C15砾石混凝土
	－混凝土路面砖厚5cm －刮素水泥浆厚0.3cm －M15干硬性水泥砂浆厚3cm －5%水泥稳定砂砾厚20cm ⑤	－混凝土板厚6cm －刮素水泥浆厚0.3cm －M15干硬性水泥砂浆厚3cm －5%水泥稳定砂砾厚20cm ⑥	－花岗石板厚4cm －刮素水泥浆厚0.3cm －M15干硬性水泥砂浆厚3cm －5%水泥稳定砂砾厚20cm ⑦	－广场砖厚1.5cm －刮素水泥浆厚0.5cm －M15干硬性水泥砂浆厚3cm －5%水泥稳定砂砾厚25cm ⑧	－面层（刮素水泥浆） M10干硬性水泥砂浆 －5%水泥稳定砂砾
	－混凝土路面砖厚5cm －刮素水泥浆厚0.3cm －M15干硬性水泥砂浆厚3cm －石灰粉煤灰稳定砂砾厚22cm ⑨	－混凝土板厚6cm －刮素水泥浆厚0.3cm －M15干硬性水泥砂浆厚3cm －石灰粉煤灰稳定砂砾厚22cm ⑩	－花岗石板厚4cm －刮素水泥浆厚0.3cm －M15干硬性水泥砂浆厚3cm －石灰粉煤灰稳定砂砾厚22cm ⑪	－广场砖厚1.5cm －刮素水泥浆厚0.5cm －M15干硬性水泥砂浆厚3cm －石灰粉煤灰稳定砂砾厚25cm ⑫	－面层（刮素水泥浆） M10干硬性水泥砂浆 －石灰粉煤灰稳定砂砾

注：1. 本图宜用于主干道；
2. 应结合当地情况选用基层材料，可用碎石混凝土代替砾石混凝土、水泥稳定碎石代替水泥稳定砂砾、石灰粉煤灰稳定碎石代替石灰粉煤灰砂砾；
3. 土基压实度≥93％；
4. 土基抗压回弹模量 E_0≥25MPa；

5. 混凝土基层应按水泥混凝土路面规定设置横缝、纵缝，其设计要求和施工方法参见《老虎市政图集—水泥混凝土路面》；
6. 面层的伸缝对应于基层的伸缝设置，做法详见第7页。

人行道路面结构图(二)

图集名	09T-SZ-01
页	4

面层类型	混凝土路面砖		花岗石	广场砖	简图
	机压型	植草型			
结 构 做 法	－混凝土路面砖厚4cm －刮素水泥浆厚0.3cm －M10干硬性水泥砂浆厚3cm －C15砾石混凝土厚12cm ①	－混凝土路面砖厚5cm －刮素水泥浆厚0.3cm －M10干硬性水泥砂浆厚3cm －C15砾石混凝土厚12cm ②	－花岗石板厚3cm －刮素水泥浆厚0.3cm －M10干硬性水泥砂浆厚3cm －C15砾石混凝土厚12cm ③	－广场砖厚1.5cm －刮素水泥浆厚0.5cm －M10干硬性水泥砂浆厚3cm －C15砾石混凝土厚15cm ④	 －面层（刮素水泥浆） －M10干硬性水泥砂浆 －C15砾石混凝土
	－混凝土路面砖厚4cm －刮素水泥浆厚0.3cm －M15干硬性水泥砂浆厚3cm －5%水泥稳定砂砾厚18cm ⑤	－混凝土路面砖厚5cm －刮素水泥浆厚0.3cm －M15干硬性水泥砂浆厚3cm －5%水泥稳定砂砾厚18cm ⑥	－花岗石板厚3cm －刮素水泥浆厚0.3cm －M15干硬性水泥砂浆厚3cm －5%水泥稳定砂砾厚18cm ⑦	－广场砖厚1.5cm －刮素水泥浆厚0.5cm －M15干硬性水泥砂浆厚3cm －5%水泥稳定砂砾厚20cm ⑧	 －面层（刮素水泥浆） －M10干硬性水泥砂浆 －5%水泥稳定砂砾
	－混凝土路面砖厚4cm －刮素水泥浆厚0.3cm －M15干硬性水泥砂浆厚3cm －石灰粉煤灰稳定砂砾厚20cm ⑨	－混凝土路面砖厚5cm －刮素水泥浆厚0.3cm －M15干硬性水泥砂浆厚3cm －石灰粉煤灰稳定砂砾厚20cm ⑩	－花岗石板厚3cm －刮素水泥浆厚0.3cm －M15干硬性水泥砂浆厚3cm －石灰粉煤灰稳定砂砾厚20cm ⑪	－广场砖厚1.5cm －刮素水泥浆厚0.5cm －M15干硬性水泥砂浆厚3cm －石灰粉煤灰稳定砂砾厚25cm ⑫	 －面层（刮素水泥浆） －M10干硬性水泥砂浆 －石灰粉煤灰稳定砂砾

注：1. 本图宜用于次干道；
  2. 应结合当地情况选用基层材料，可用碎石混凝土代替砾石混凝土、水泥稳定碎石代替水泥稳定砂砾、石灰粉煤灰稳定碎石代替石灰粉煤灰砂砾；
  3. 土基压实度≥90%；
  4. 土基抗压回弹模量 $E_0 \geq 20MPa$；
  5. 混凝土基层应按水泥混凝土路面规定设置横缝、纵缝，其设计要求和施工方法参见《老虎市政图集—水泥混凝土路面》；
  6. 面层的伸缝对应于基层的伸缝设置，做法详见第7页。

人行道路面结构图（四）	图集名 09T-SZ-01
	页 5

面层类型	混凝土路面砖		花岗石	广场砖	简图
	机压型	塑模型			
结构做法	－混凝土路面砖厚3cm －刮素水泥浆厚0.3cm －M10干硬性水泥砂浆厚3cm －C15砾石混凝土厚10cm ①	－混凝土路面砖厚4cm －刮素水泥浆厚0.3cm －M10干硬性水泥砂浆厚3cm －C15砾石混凝土厚10cm ②	－花岗石板厚2.5cm －刮素水泥浆厚0.3cm －M10干硬性水泥砂浆厚3cm －C15砾石混凝土厚10cm ③	－广场砖厚1.5cm －刮素水泥浆厚0.5cm －M10干硬性水泥砂浆厚3cm －C15砾石混凝土厚12cm ④	－面层（刮素水泥浆） －M10干硬性水泥砂浆 －C15砾石混凝土
	－混凝土路面砖厚3cm －刮素水泥浆厚0.3cm －M15干硬性水泥砂浆厚3cm －5%水泥稳定砂砾厚15cm ⑤	－混凝土路面砖厚4cm －刮素水泥浆厚0.3cm －M15干硬性水泥砂浆厚3cm －5%水泥稳定砂砾厚15cm ⑥	－花岗石板厚2.5cm －刮素水泥浆厚0.3cm －M15干硬性水泥砂浆厚3cm －5%水泥稳定砂砾厚15cm ⑦	－广场砖厚1.5cm －刮素水泥浆厚0.5cm －M15干硬性水泥砂浆厚3cm －5%水泥稳定砂砾厚18cm ⑧	－面层（刮素水泥浆） －M10干硬性水泥砂浆 －5%水泥稳定砂砾
	－混凝土路面砖厚3cm －刮素水泥浆厚0.3cm －M15干硬性水泥砂浆厚3cm －石灰粉煤灰稳定砂砾厚18cm ⑨	－混凝土路面砖厚4cm －刮素水泥浆厚0.3cm －M15干硬性水泥砂浆厚3cm －石灰粉煤灰稳定砂砾厚18cm ⑩	－花岗石板厚2.5cm －刮素水泥浆厚0.3cm －M15干硬性水泥砂浆厚3cm －石灰粉煤灰稳定砂砾厚18cm ⑪	－广场砖厚1.5cm －刮素水泥浆厚0.5cm －M15干硬性水泥砂浆厚3cm －石灰粉煤灰稳定砂砾厚20cm ⑫	－面层（刮素水泥浆） －M10干硬性水泥砂浆 －石灰粉煤灰稳定砂砾

注：1. 本图宜用于支路；
2. 应结合当地情况选用基层材料，可用碎石混凝土代替砾石混凝土、水泥稳定碎石代替水泥稳定砂砾、石灰粉煤灰稳定碎石代替石灰粉煤灰砂砾；
3. 土基压实度≥90%；
4. 土基抗压回弹模量 $E_0 \geqslant 20MPa$；
5. 混凝土基层应按水泥混凝土路面规定设置横缝、纵缝，其设计要求和施工方法参见《老虎市政图集—水泥混凝土路面》；
6. 面层的伸缝对应于基层的伸缝设置，做法详见第7页。

人行道路面结构图（五）	图集名 09T-SZ-01
	页 6

面层类型	水泥混凝土路面			沥青混凝土路面		
	普通混凝土	彩色混凝土	简图	普通沥青	彩色沥青	简图
结构 简图	－C25混凝土厚8cm －5%水泥稳定砂砾厚15cm ①	－压模面层厚1cm －C20混凝土厚8cm －5%水泥稳定砂砾厚15cm ②	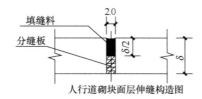	－细(中)粒式沥青混凝土4cm 乳化沥青透层 －5%水泥稳定砂砾厚18cm ③	－细(中)粒式沥青混凝土4cm 乳化沥青透层 －5%水泥稳定砂砾厚18cm ④	
	－C25混凝土厚8cm 石灰粉煤灰稳定砂砾厚15cm ⑤	－压模面层厚1cm －C20混凝土厚8cm 石灰粉煤灰稳定砂砾厚15cm ⑥		－细(中)粒式沥青混凝土4cm 乳化沥青透层 石灰粉煤灰稳定砂砾厚18cm ⑦	－细(中)粒式沥青混凝土4cm 乳化沥青透层 石灰粉煤灰稳定砂砾厚18cm ⑧	

人行道砌块面层伸缝构造图

人行道砌块面层构造要求

材料	板缝宽度(mm)	灌缝材料	伸缝间距(m)	备注
混凝土砖	缝宽5～8	水泥砂浆	20～30	伸缝宽1.5～2.5cm(夏季取小值,冬季取大值);下部用沥青木板分缝,上部用加热施工式道路填缝料或空心橡胶嵌缝
	缝宽3～5	粗砂	30～40	
石材	缝宽8～10	水泥砂浆	20～30	
	缝宽5～8	粗砂	30～40	
广场砖	缝宽15～18	水泥砂浆	15～20	

注：1. 本图适用于小区及景观道路的人行道；

2. 应结合当地情况选用基层材料,可用碎石混凝土代替砾石混凝土、水泥稳定碎石代替水泥稳定砂砾、石灰粉煤灰稳定碎石代替石灰粉煤灰砂砾；

3. 土基压实度≥90%；

4. 土基抗压回弹模量 $E_0 \geqslant 20MPa$；

5. 混凝土面层应按水泥混凝土路面规定设置横缝、纵缝,其设计要求和施工方法参见《老虎市政图集—水泥混凝土路面》；

6. 面层的伸缝对应于基层的伸缝设置。

人行道路面结构图（六）	图集名	09T-SZ-01
	页	7

面层 类型	花 岗 石			卵 石		
	普通花岗石	花岗石拼花	简 图	普通卵石	卵石拼花	简 图
结 构 简 图	-花岗石板厚2.0cm -刮素水泥浆厚0.3cm -M10干硬性水泥砂浆厚3cm -C10砾石混凝土厚10cm ①	-花岗石板厚2.0cm -刮素水泥浆厚0.3cm -M10干硬性水泥砂浆厚3cm -C10砾石混凝土厚10cm ②		-卵石φ4～6cm -1:2水泥砂浆厚3cm -C10砾石混凝土厚10cm ③	-卵石φ4～6cm -1:2水泥砂浆厚3cm -C10砾石混凝土厚10cm ④	
	-花岗石板厚2.0cm -刮素水泥浆厚0.3cm -M15干硬性水泥砂浆厚3cm -5%水泥稳定砂砾厚15cm ⑤	-花岗石板厚2.0cm -刮素水泥浆厚0.3cm -M15干硬性水泥砂浆厚3cm -5%水泥稳定砂砾厚15cm ⑥		-卵石φ4～6cm -1:2水泥砂浆厚3cm -5%水泥稳定砂砾厚15cm ⑦	-卵石φ4～6cm -1:2水泥砂浆厚3cm -5%水泥稳定砂砾厚15cm ⑧	
	-花岗石板厚2.0cm -刮素水泥浆厚0.3cm -M15干硬性水泥砂浆厚3cm -石灰粉煤灰稳定砂砾厚15cm ⑨	-花岗石板厚2.0cm -刮素水泥浆厚0.3cm -M15干硬性水泥砂浆厚3cm -石灰粉煤灰稳定砂砾厚15cm ⑩		-卵石φ4～6cm -1:2水泥砂浆厚3cm -石灰粉煤灰稳定砂砾厚15cm ⑪	-卵石φ4～6cm -1:2水泥砂浆厚3cm -石灰粉煤灰稳定砂砾厚15cm ⑫	

注：1. 本图适用于小区及景观道路的人行道；
2. 应结合当地情况选用基层材料，可用碎石混凝土代替砾石混凝土、水泥稳定碎石代替水泥稳定砂砾、石灰粉煤灰稳定碎石代替石灰粉煤灰砂砾；
3. 土基压实度≥90％；
4. 土基抗压回弹模量 E_0≥20MPa；

5. 混凝土基层应按水泥混凝土路面规定设置横缝、纵缝，其设计要求和施工方法参见《老虎市政图集—水泥混凝土路面》；
6. 拼花图案详见单体设计；面层的伸缩对应于基层的伸缩设置，做法详见第7页。

面层类型	联锁型混凝土路面砖		
	机压砖	透水砖	简图
结　构　简　图	- 混凝土砖厚6.0cm - 中砂垫层厚3cm - C15砾石混凝土厚12cm ①	- 混凝土砖厚6.0cm - 中砂垫层厚3cm - C15砾石混凝土厚12cm ②	
	- 混凝土砖厚6.0cm - 中砂垫层厚3cm - 5%水泥稳定砂砾厚18cm ③	- 混凝土砖厚6.0cm - 中砂垫层厚3cm - 5%水泥稳定砂砾厚18cm ④	
	- 混凝土砖厚6.0cm - 中砂垫层厚3cm· - 石灰粉煤灰稳定砂砾厚20cm ⑤	- 混凝土砖厚6.0cm - 中砂垫层厚3cm - 石灰粉煤灰稳定砂砾厚20cm ⑥	

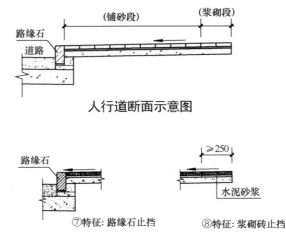

人行道断面示意图

⑦特征：路缘石止挡　　　⑧特征：浆砌砖止挡

⑨特征：锁边石止挡　　　⑩特征：混凝土止挡

联锁型砖侧向定位结构图

注：1. 本图适用于联锁砖铺砌人行道，透水砖宜与透水基层结合使用，
　　　　并应采取措施排除内部积水；

　　2. 土基压实度≥90%；土基抗压回弹模量 E_0≥20MPa；

　　3. 混凝土基层应按水泥混凝土路面规定设置横缝、纵缝，其设计要
　　　　求和施工方法参见《老虎市政图集—水泥混凝土路面》。

人行道路面结构图（八）

图集名	09T-SZ-01
页	9

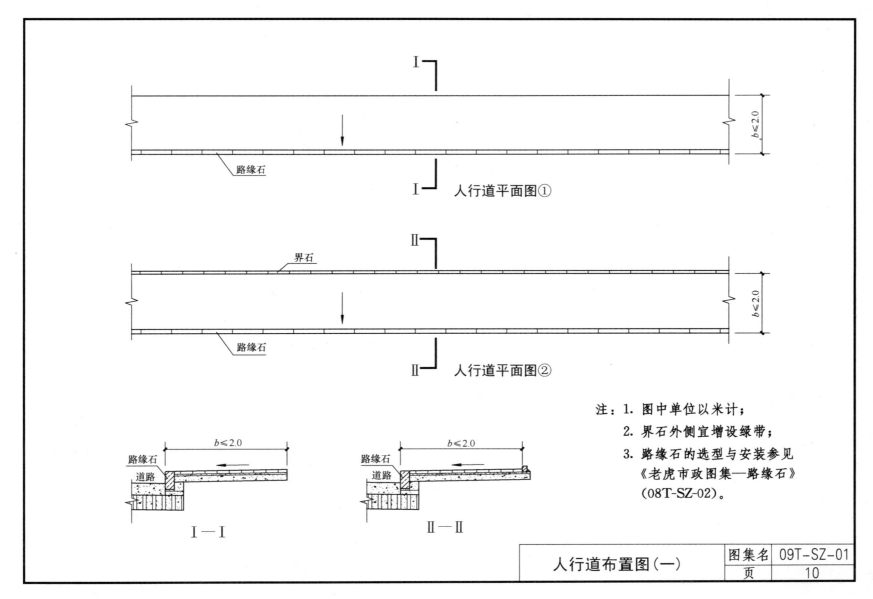

I

I

路缘石

I 人行道平面图①

$b \leqslant 2.0$

II

II

界石

路缘石

II 人行道平面图②

$b \leqslant 2.0$

注：1. 图中单位以米计；

2. 界石外侧宜增设绿带；

3. 路缘石的选型与安装参见
《老虎市政图集—路缘石》
（08T-SZ-02）。

$b \leqslant 2.0$

路缘石

道路

I — I

$b \leqslant 2.0$

路缘石

道路

II — II

| 人行道布置图（一） | 图集名 | 09T-SZ-01 |
| | 页 | 10 |

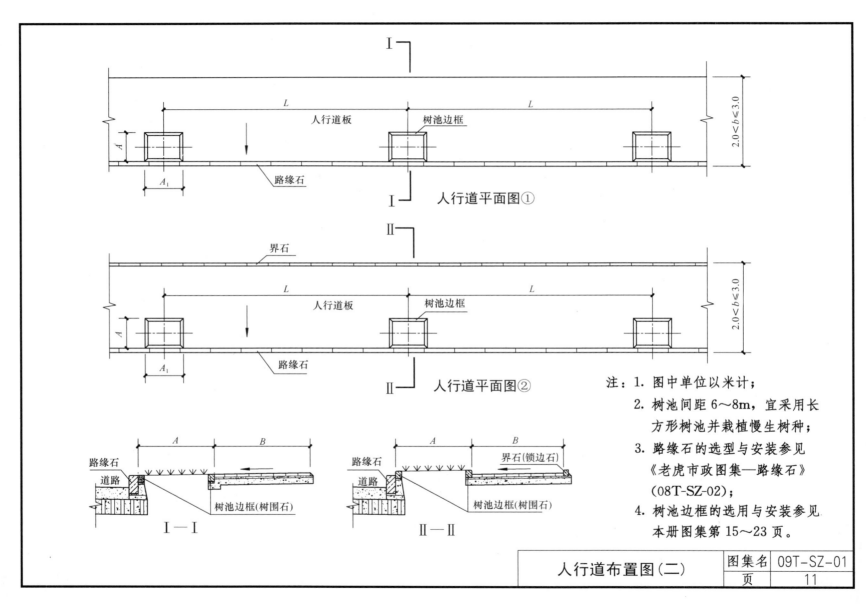

人行道平面图①

界石

人行道板　树池边框

路缘石

人行道平面图②

I－I

II－II

注：1. 图中单位以米计；
2. 树池间距 6～8m，宜采用长
   方形树池并栽植慢生树种；
3. 路缘石的选型与安装参见
   《老虎市政图集—路缘石》
   （08T-SZ-02）；
4. 树池边框的选用与安装参见
   本册图集第 15～23 页。

人行道布置图(二)	图集名	09T-SZ-01
	页	11

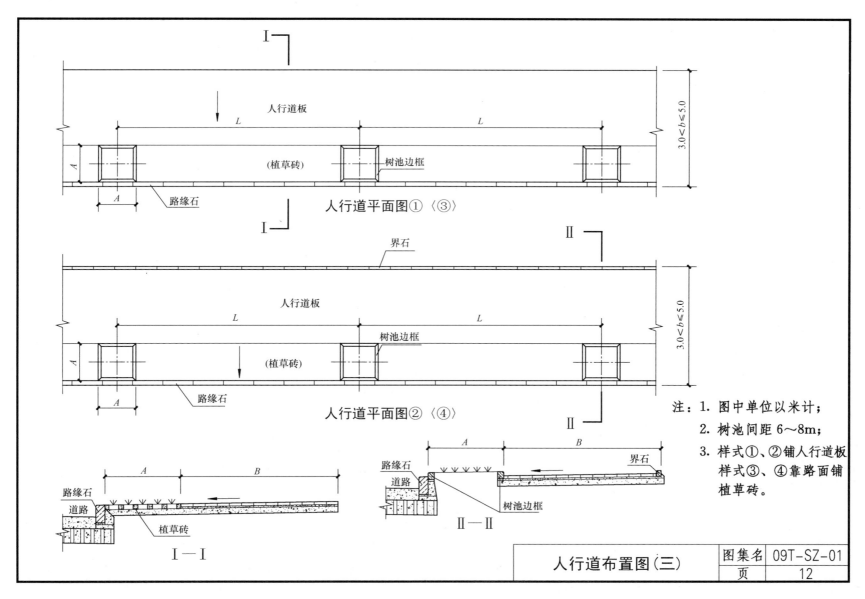

人行道平面图①〈③〉

界石

人行道平面图②〈④〉

注：1. 图中单位以米计；
2. 树池间距 6～8m；
3. 样式①、②铺人行道板
   样式③、④靠路面铺
   植草砖。

I－I

II－II

人行道布置图（三）

图集名 09T-SZ-01
页 12

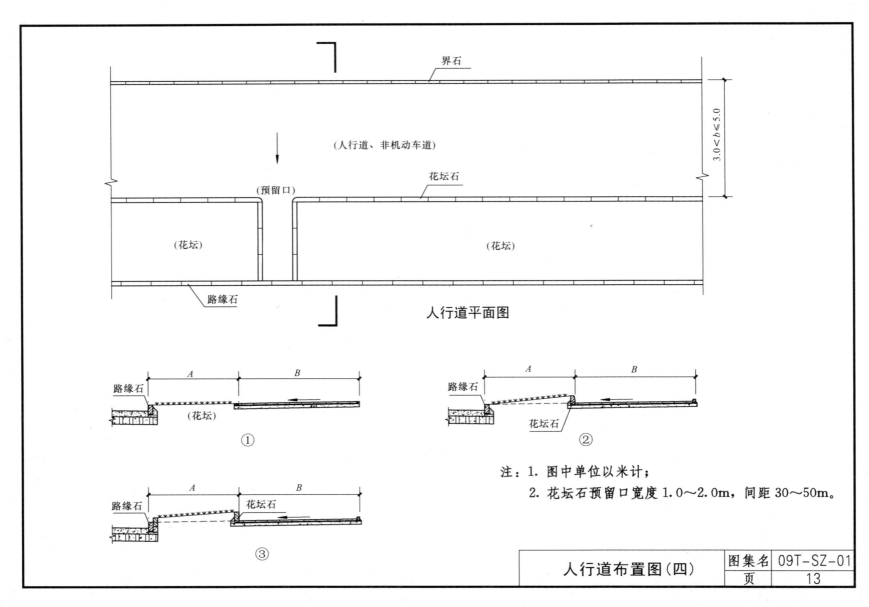

界石

(人行道、非机动车道)

$3.0 < b \leqslant 5.0$

(预留口)

花坛石

(花坛)

(花坛)

路缘石

人行道平面图

路缘石

A

B

(花坛)

①

路缘石

A

B

花坛石

②

路缘石

A

B

花坛石

③

注：1. 图中单位以米计；

2. 花坛石预留口宽度 1.0～2.0m，间距 30～50m。

| 人行道布置图（四） | 图集名 | 09T-SZ-01 |
| | 页 | 13 |

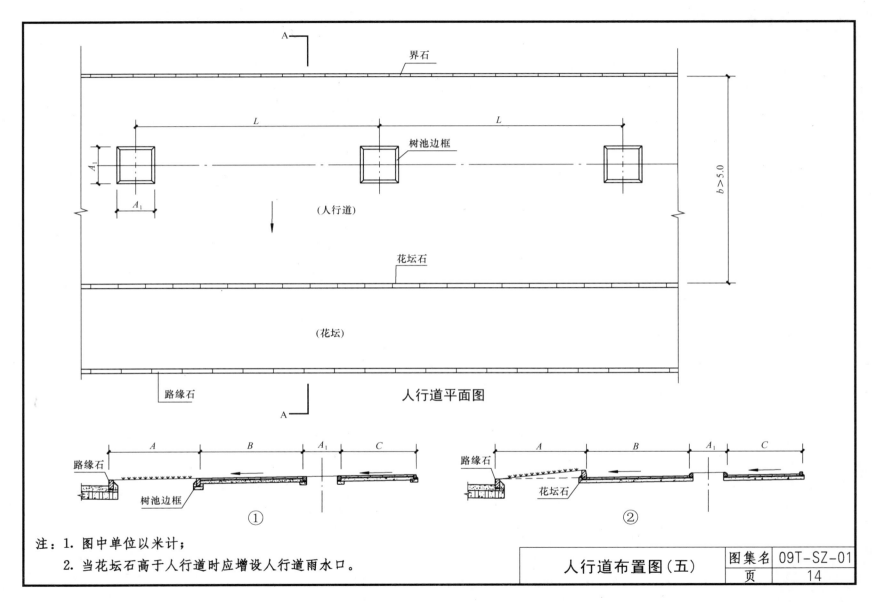

界石

L   L

树池边框

A_1

A_1

(人行道)

$b > 5.0$

花坛石

(花坛)

路缘石   人行道平面图

A   B A_1 C

路缘石
                树池边框

①

A   B A_1 C

路缘石
                花坛石

②

注：1. 图中单位以米计；
    2. 当花坛石高于人行道时应增设人行道雨水口。

人行道布置图（五）	图集名	09T-SZ-01
	页	14

17

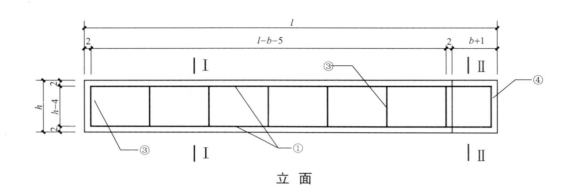

立 面

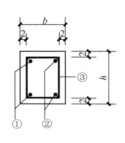

Ⅰ—Ⅰ 断面

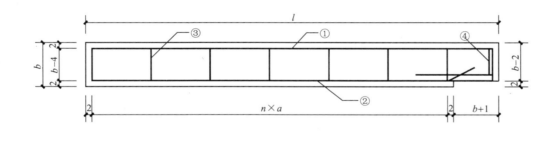

平 面

Ⅱ—Ⅱ 断面

注：1. 图中尺寸均以厘米计；

2. 本图适用于 120cm×120cm、135cm×135cm 和 150cm×150cm 不设树箅的树池边框；

3. 树池边框采用 C30 混凝土，在构件加工厂用钢模预制。

钢筋混凝土树池边框(一)

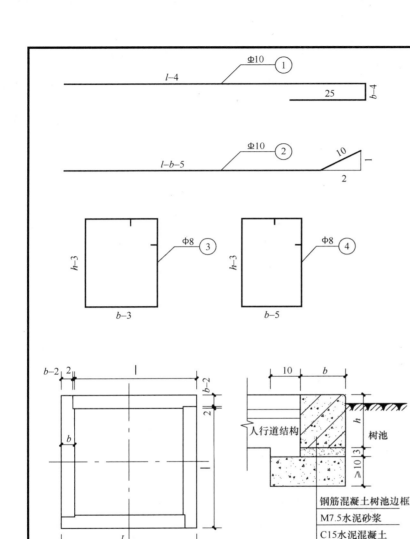

树池材料表（一块边框）

编号	树池规格	构件参数	钢筋编号	直径(mm)	长度(cm)	根数	重量(kg)	备注
①	120×120	l=112cm b=10cm h=12cm n=5	1	Φ10	139	2	1.72	Φ10重3.04kg
			2	Φ10	107	2	1.32	Φ8重1.09kg
			3	Φ8	40	6	0.95	混凝土重31.7kg
			4	Φ8	36	1	0.14	
②	135×135	l=125cm b=12cm h=15cm n=6	1	Φ10	154	2	1.90	Φ10重3.36kg
			2	Φ10	118	2	1.46	Φ8重1.56kg
			3	Φ8	50	7	1.38	
			4	Φ8	46	1	0.18	混凝土重53.1kg
③	150×150	l=137cm b=15cm h=18cm n=6	1	Φ10	169	2	2.09	Φ10重3.66kg
			2	Φ10	127	2	1.57	Φ8重1.94kg
			3	Φ8	62	7	1.71	
			4	Φ8	58	1	0.23	混凝土重87.5kg

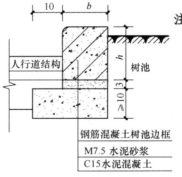

②凸起安装图

注：1. 图中尺寸除注明外，均以厘米为单位；

2. 本图适用于120cm×120cm、135cm×135cm 和 150cm×150cm 不设树箅的树池边框；

3. 树池边框采用C30混凝土，在构件加工厂用钢模预制；

4. 为安装固定边框，宜预留水泥砂浆砌缝。

拼装示意图

①平齐安装图

树池边框（一）钢筋材料表

图集名 09T-SZ-01

页 16

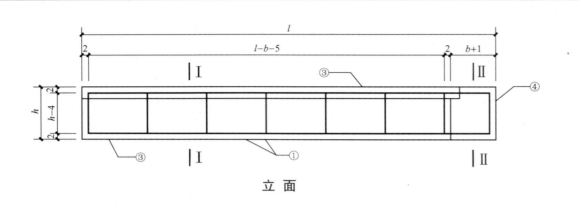

立 面

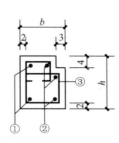

Ⅰ—Ⅰ断面

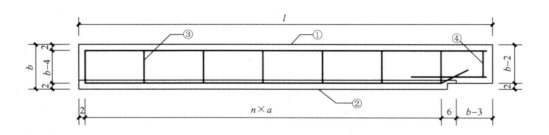

平 面

Ⅱ—Ⅱ断面

注：1. 图中尺寸除注明外，均以厘米为单位；

2. 本图适用于120cm×120cm、135cm×135cm和150cm×150cm设树箅的树池边框；

3. 树池边框采用C30混凝土，在构件加工厂用钢模预制；

4. 应根据实际采用的树箅材料预留安装位置（$b_1 \times h_1$），本图暂取3cm×4cm。

钢筋混凝土树池边框(二)	图集名	09T-SZ-01
	页	17

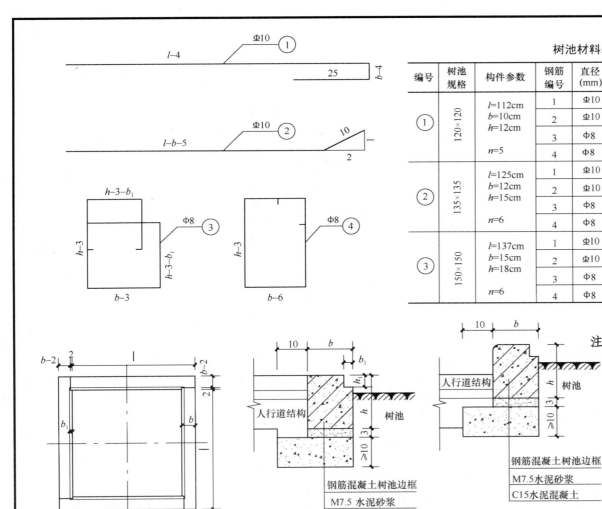

树池材料表(一块边框)

编号	树池规格	构件参数	钢筋编号	直径(mm)	长度(cm)	根数	重量(kg)	备 注
①	120×120	$l=112cm$ $b=10cm$ $h=12cm$ $n=5$	1	Φ10	139	2	1.72	Φ10重3.70kg
			2	Φ10	107	3	1.98	Φ8重1.17kg
			3	Φ8	44	6	1.04	
			4	Φ8	34	1	0.13	混凝土重31.7kg
②	135×135	$l=125cm$ $b=12cm$ $h=15cm$ $n=6$	1	Φ10	154	2	1.90	Φ10重4.08kg
			2	Φ10	118	3	2.18	Φ8重1.72kg
			3	Φ8	56	7	1.55	
			4	Φ8	44	1	0.17	混凝土重53.1kg
③	150×150	$l=137cm$ $b=15cm$ $h=18cm$ $n=6$	1	Φ10	169	2	2.09	Φ10重4.44kg
			2	Φ10	127	3	2.35	Φ8重2.18kg
			3	Φ8	71	7	1.96	
			4	Φ8	56	1	0.22	混凝土重87.5kg

注:1. 图中尺寸除注明外,均以厘米为单位;

2. 本图适用于120cm×120cm、135cm×135cm 和 150cm×150cm 设树箅的树池边框;

3. 树池边框采用C30混凝土,在构件加工厂用钢模预制;

4. 应根据实际采用的树箅材料预留安装位置($b_1×h_1$),本图暂取3cm×4cm。

拼装示意图

① 平齐安装图

钢筋混凝土树池边框
M7.5 水泥砂浆
C15水泥混凝土

② 凸起安装图

人行道结构

树池

钢筋混凝土树池边框
M7.5 水泥砂浆
C15水泥混凝土

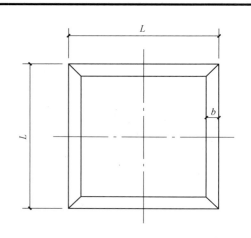

树池边框拼装图

边框立面

边框平面

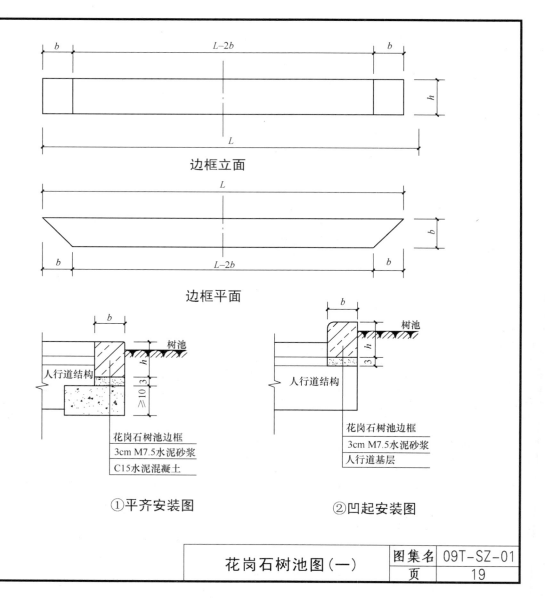

树池边框构件选用表

编号	树池规格	选用构件尺寸
①	120×120	10×12×120
②	135×135	12×15×135
③	150×150	15×18×150

①平齐安装图

②凹起安装图

注：1. 图中尺寸单位为厘米；

2. 本图用于不设树篦的树池，边框长度 L 按设计要求选定；也可做成长方形，并相应修改构件规格尺寸；

3. 当采用凸起安装时，外边应做成圆角或斜角，详见单体设计；

4. 采用机切工艺加工，外露面磨光。

花岗石树池图（一）

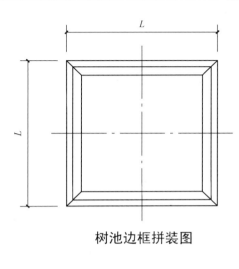

树池边框拼装图

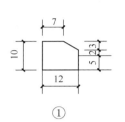

①

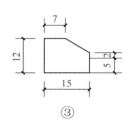

③

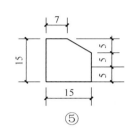

⑤

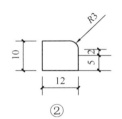

②

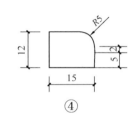

④

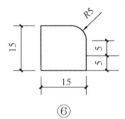

⑥

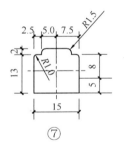

⑦

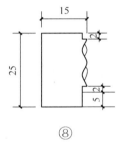

⑧

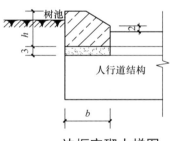

边框安砌大样图

树池边框构件选用表

编号	树池规格	选用构件尺寸	构件断面
①	120×120	12×10×120	①②
②	135×135	15×12×135	③④
③	150×150	15×15×150	⑤~⑧

注：1. 图中尺寸单位为厘米；
2. 本图用于不设树篦的树池，边框长度 L 按设计要求
   选定；也可做成长方形，并相应修改构件规格尺寸；
3. 本图采用凸起安装，外露面形状供设计选用；
4. 采用机切工艺加工，外露面倒棱，表面磨光度≥40。

花岗石树池图（二）

图集名 09T-SZ-01

页 20

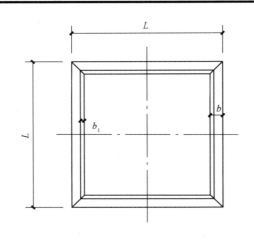

树池边框拼装图

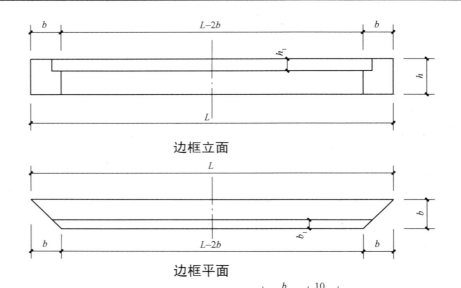

边框立面

边框平面

边框安砌大样图

树池边框构件选用表

编号	树池规格	选用构件尺寸
①	120×120	10×12×120
②	135×135	12×15×135
③	150×150	15×18×150

注：1. 图中尺寸单位为厘米；
　　2. 本图用于设树箅的树池，边框长度 L 按设计要求选定，也可做成长方形，并相应修改构件规格尺寸；
　　3. 应根据实际采用的树箅材料预留安装位置（$b_1 \times h_1$），本图暂取 3cm×4cm；
　　4. 采用机切工艺加工，外露面磨光。

花岗石树池图（三）	图集名	09T-SZ-01
	页	21

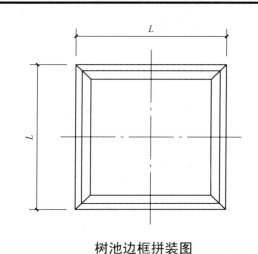

树池边框拼装图

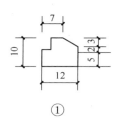

①

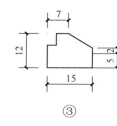

③

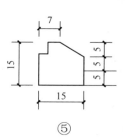

⑤

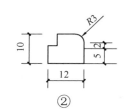

②

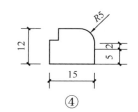

④

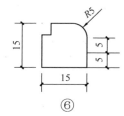

⑥

树池边框构件选用表

编号	树池规格	选用构件尺寸	构件断面
①	120×120	12×10×120	①②
②	135×135	15×12×135	③④
③	150×150	15×15×150	⑤~⑥

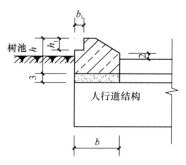

边框安砌大样图

注：1. 图中尺寸单位为厘米；

2. 本图用于设树箅的树池，边框长度 L 按设计要求选定；也可做成长方形，并相应修改构件规格尺寸；

3. 应根据实际采用的树箅材料预留安装位置（$b_1×h_1$），本图暂定 3cm×4cm；

4. 采用机切工艺加工，外露面倒棱，表面磨光度≥40；

5. 本图采用凸起安装，外露面形状供设计选用。

花岗石树池图（四）

图集名 09T-SZ-01
页 22

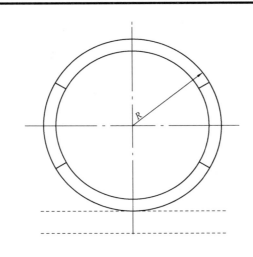

圆形树池图一

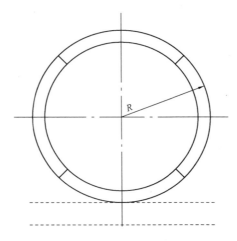

圆形树池图二

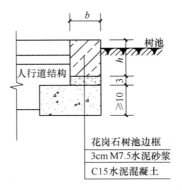

①平齐安装图

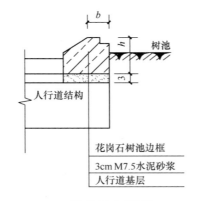

②凸起安装图

注：1. 图中尺寸单位为厘米；
    2. 树池半径为 R，图一为六等分圆弧，图二为八等分圆弧；
    3. 树围石断面详见单体设计。

圆形树池图	图集名	09T-SZ-01
	页	23

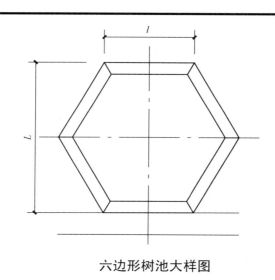

六边形树池大样图

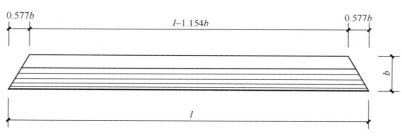

构件立面图

构件平面图

树池边框尺寸选用表

编号	树池规格	边框材料尺寸 $b \times h \times l$	备注
①（④）	边长60	6×8×60	对边 $L=104; r=3$
②（⑤）	边长80	8×10×80	对边 $L=139; r=4$
③（⑥）	边长100	10×12×100	对边 $L=173; r=5$

注：1. 图中尺寸单位为厘米；
    2. 树池外框材料可采用花岗石（对应编号为①、②、③）或
       C30混凝土（对应编号为④、⑤、⑥）；
    3. 当采用凸起安装时，外露面应做成圆角；
    4. 花岗石采用机切工艺加工，外露面磨光。

①平齐安装图

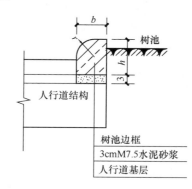

②凸起安装图

六边形树池图

图集名	09T-SZ-01
页	24

27

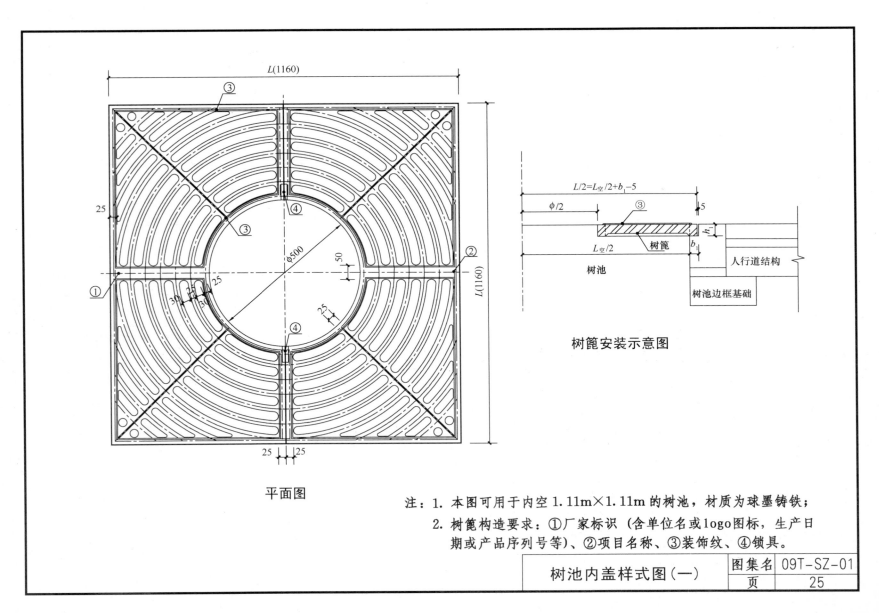

平面图

树篦安装示意图

注：1. 本图可用于内空1.11m×1.11m的树池，材质为球墨铸铁；
 2. 树篦构造要求：①厂家标识（含单位名或logo图标，生产日期或产品序列号等）、②项目名称、③装饰纹、④锁具。

| 树池内盖样式图（一） | 图集名 | 09T-SZ-01 |
| | 页 | 25 |

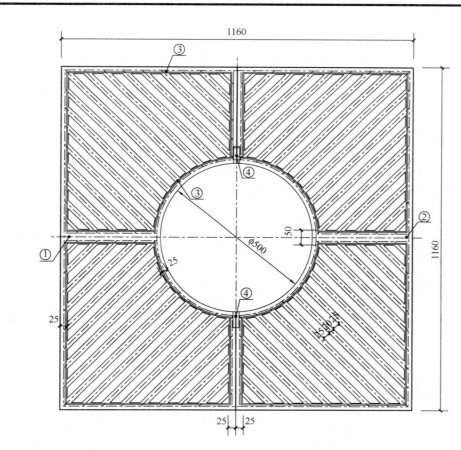

1160

1160

Ø500

50

25

25

25

25

25

R580±5

平面图

注：1. 本图可用于内空1.11m×1.11m的树池，材质为球墨铸铁；

2. 树篦构造要求：①厂家标识(含单位名或logo图标，生产日期或产品序号等)、②项目名称、③装饰纹、④锁具。

树池内盖样式图（二）

图集名	09T-SZ-01
页	26

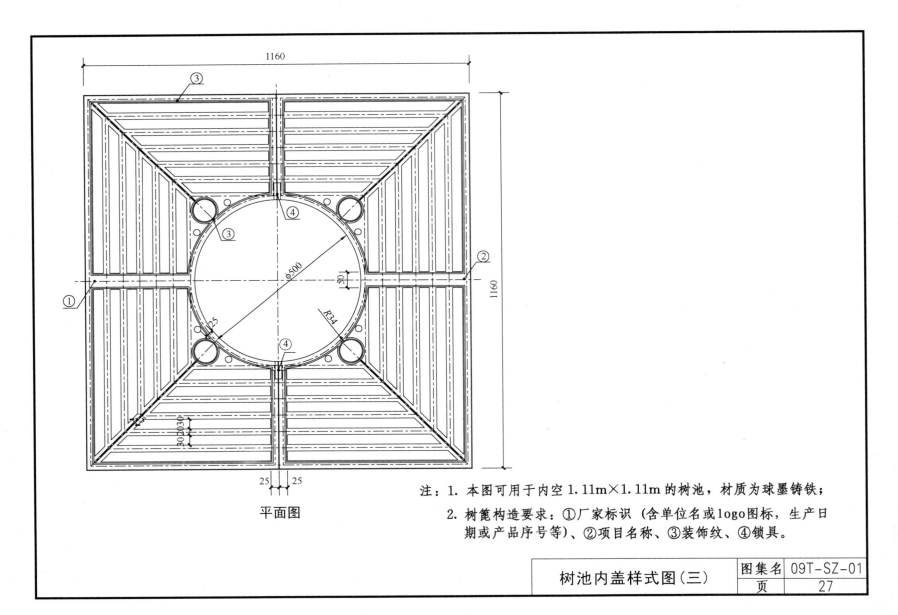

1160

1160

φ500

50

R34

25

302030

25　25

平面图

注：1. 本图可用于内空 1.11m×1.11m 的树池，材质为球墨铸铁；

2. 树箅构造要求：①厂家标识（含单位名或logo图标，生产日期或产品序号等）、②项目名称、③装饰纹、④锁具。

树池内盖样式图（三）

图集名 09T-SZ-01

页 27

30

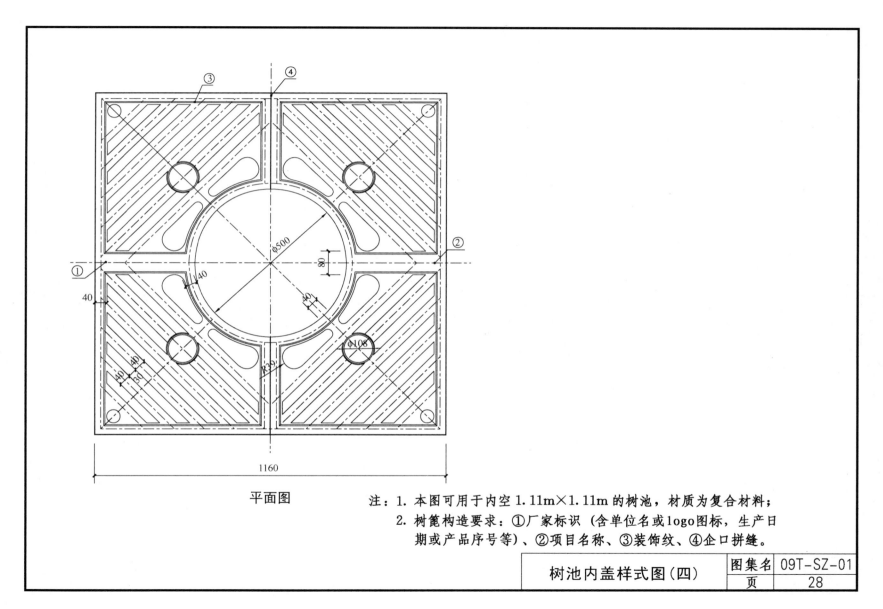

平面图

注：1. 本图可用于内空1.11m×1.11m的树池，材质为复合材料；
2. 树箅构造要求：①厂家标识（含单位名或logo图标，生产日期或产品序号等）、②项目名称、③装饰纹、④企口拼缝。

| 树池内盖样式图（四） | 图集名 | 09T-SZ-01 |
| | 页 | 28 |

31

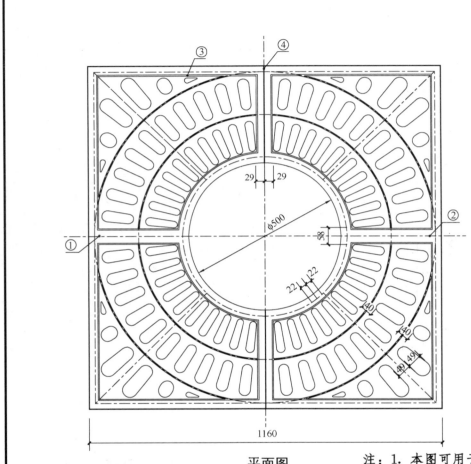

平面图

注：1. 本图可用于内空 1.11m×1.11m 的树池，材质为复合材料；
2. 树箅构造要求：①厂家标识（含单位名或logo图标，生产日期或产品序号等）、②项目名称、③装饰纹、④企口拼缝。

| 树池内盖样式图（五） | 图集名 | 09T-SZ-01 |
| | 页 | 29 |

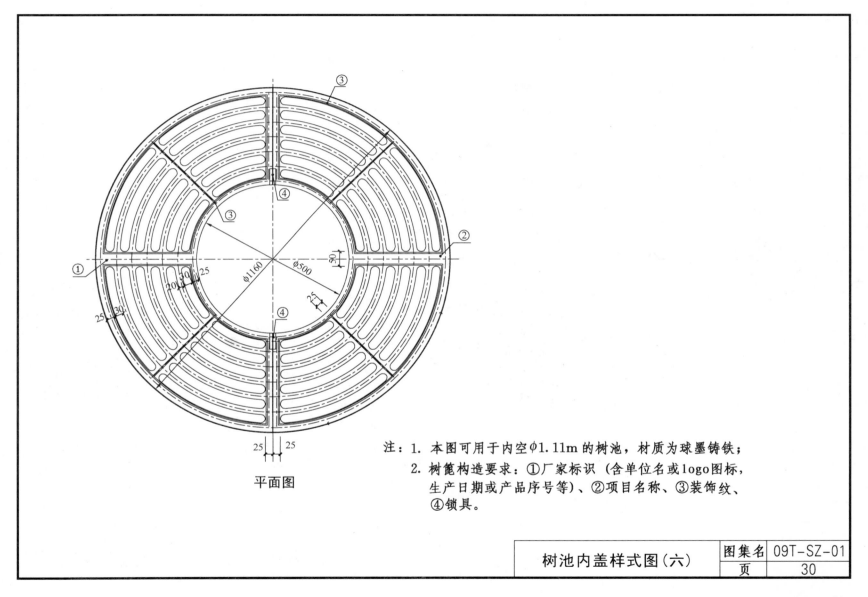

平面图

注：1. 本图可用于内空φ1.11m的树池，材质为球墨铸铁；
  2. 树箆构造要求：①厂家标识（含单位名或logo图标，
    生产日期或产品序号等）、②项目名称、③装饰纹、
    ④锁具。

树池内盖样式图（六）	图集名	09T-SZ-01
	页	30

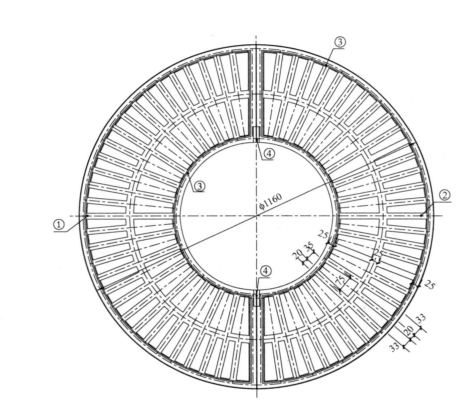

平面图

注：1. 本图可用于内空 $\phi1.11m$ 的树池，材质为球墨铸铁；
2. 树箅构造要求：①厂家标识（含单位名或logo图标，生产日期或产品序号等）、②项目名称、③装饰纹、④锁具。

| 树池内盖样式图（七） | 图集名 | 09T-SZ-01 |
| | 页 | 31 |

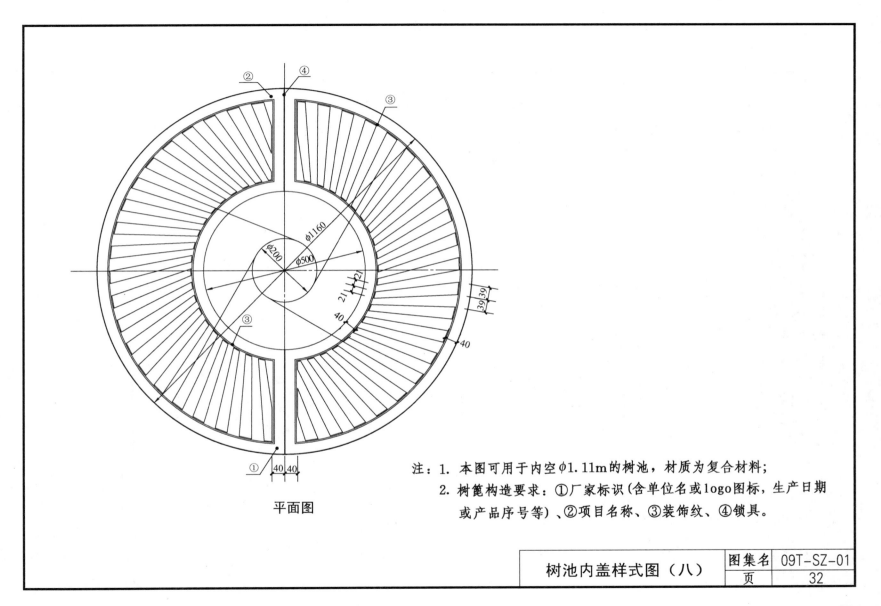

平面图

注：1. 本图可用于内空φ1.11m的树池，材质为复合材料；
2. 树箅构造要求：①厂家标识(含单位名或logo图标，生产日期或产品序号等)、②项目名称、③装饰纹、④锁具。

| 树池内盖样式图（八） | 图集名 | 09T-SZ-01 |
| | 页 | 32 |

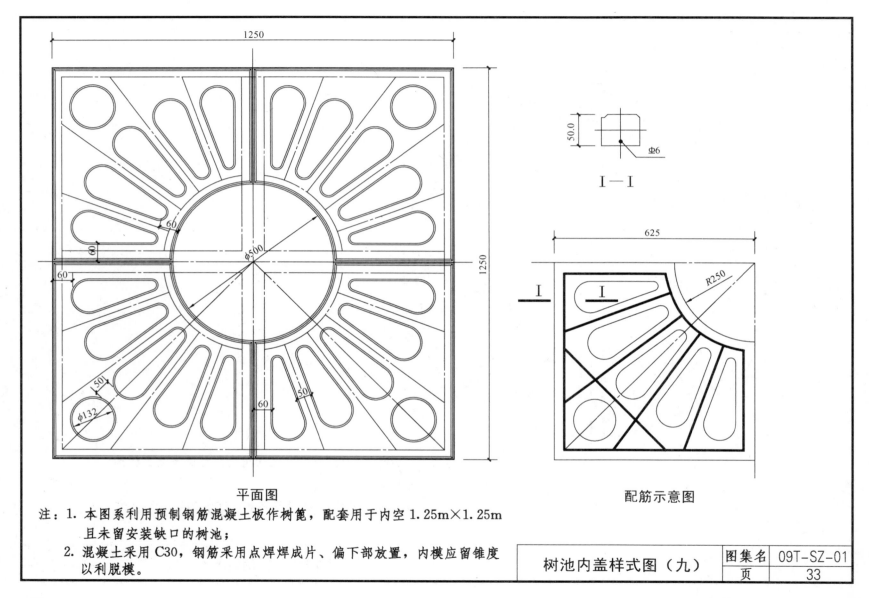

平面图

配筋示意图

注：1. 本图系利用预制钢筋混凝土板作树箅，配套用于内空 1.25m×1.25m
　　　且未留安装缺口的树池；
　　2. 混凝土采用 C30，钢筋采用点焊焊成片、偏下部放置，内模应留锥度
　　　以利脱模。

树池内盖样式图（九）

图集名	09T-SZ-01
页	33

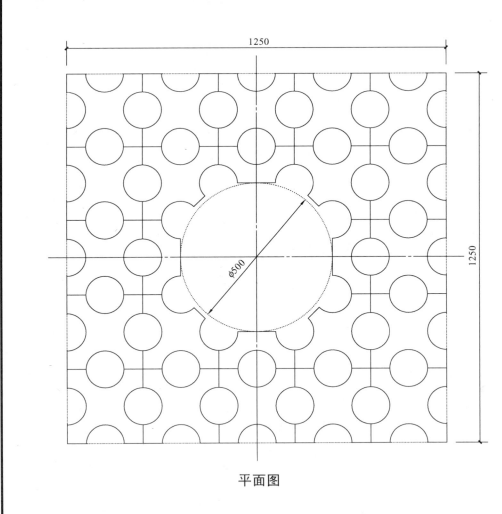

平面图

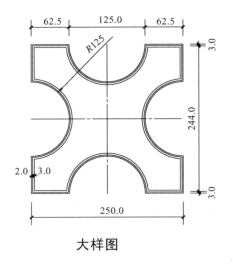

大样图

注：1. 本图系利用植草砖铺砌成树箅，配套用于内空 1.25m×1.25m 且未留安装缺口的树池；
2. 宜采用当地常用的正方形植草砖，其厚度不小于 6cm。

树池内盖样式图（十）

图集名	09T-SZ-01
页	34

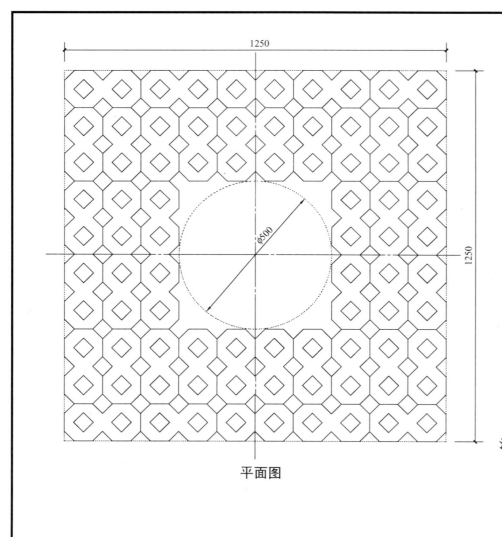

平面图

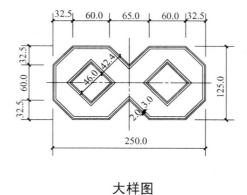

大样图

注：1. 本图系利用植草砖铺砌成树箅，配套用于内空
       1.25m×1.25m且未留安装缺口的树池；
    2. 宜采用当地常用的长方形植草砖，其厚度不小
       于6cm。

| 树池内盖样式图（十一） | 图集名 | 09T-SZ-01 |
| | 页 | 35 |

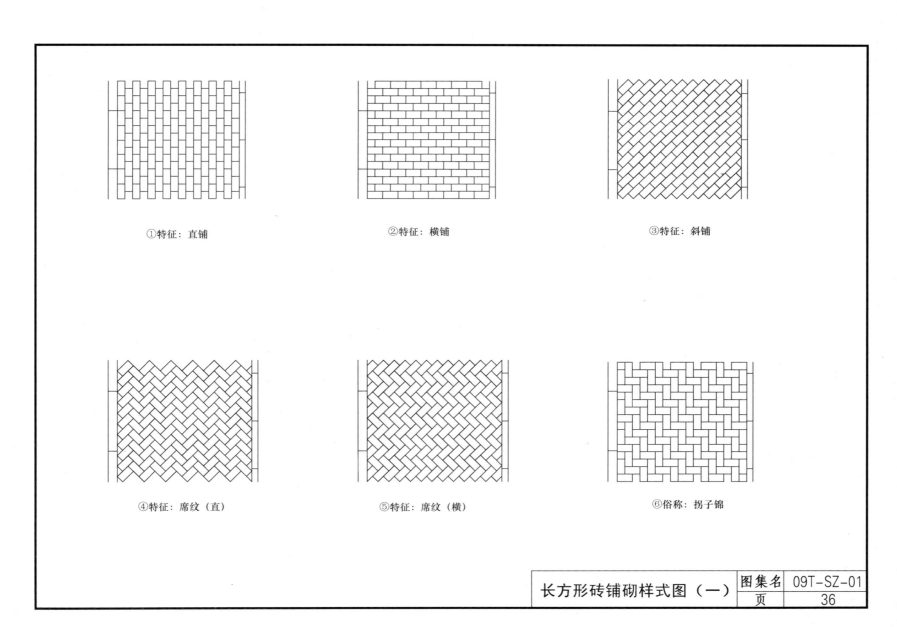

①特征：直铺

②特征：横铺

③特征：斜铺

④特征：席纹（直）

⑤特征：席纹（横）

⑥俗称：拐子锦

长方形砖铺砌样式图（一）

图集名	09T-SZ-01
页	36

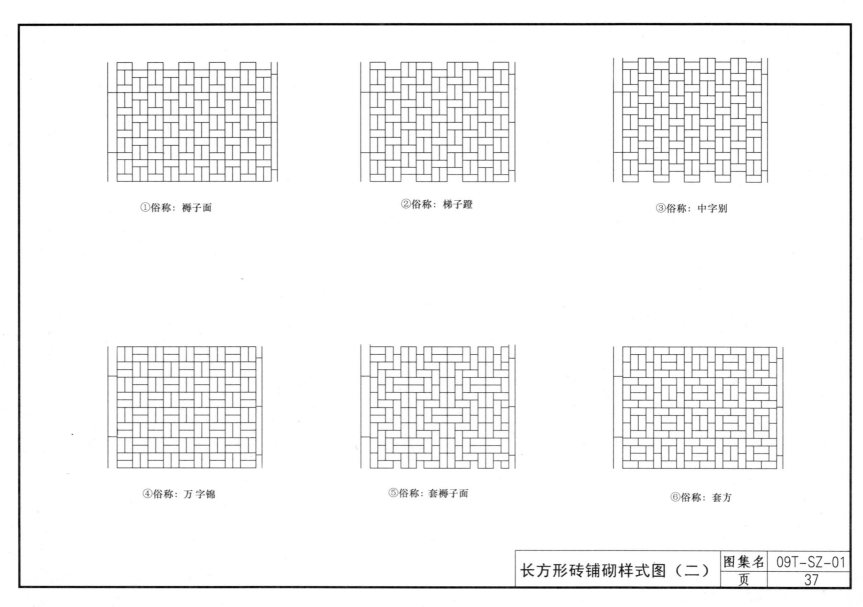

①俗称：褥子面

②俗称：梯子蹬

③俗称：中字别

④俗称：万字锦

⑤俗称：套褥子面

⑥俗称：套方

<table>
<tr><td rowspan="2">长方形砖铺砌样式图（二）</td><td>图集名</td><td>09T-SZ-01</td></tr>
<tr><td>页</td><td>37</td></tr>
</table>

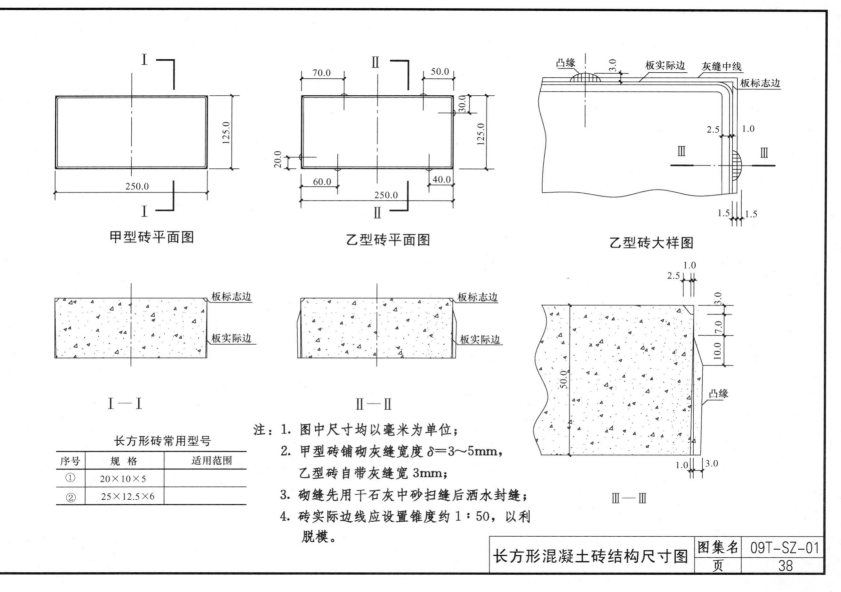

甲型砖平面图

乙型砖平面图

乙型砖大样图

Ⅰ－Ⅰ

Ⅱ－Ⅱ

Ⅲ－Ⅲ

长方形砖常用型号

序号	规　格	适用范围
①	20×10×5	
②	25×12.5×6	

注：1. 图中尺寸均以毫米为单位；
　　2. 甲型砖铺砌灰缝宽度 δ＝3～5mm，
　　　乙型砖自带灰缝宽 3mm；
　　3. 砌缝先用干石灰中砂扫缝后洒水封缝；
　　4. 砖实际边线应设置锥度约 1：50，以利
　　　脱模。

长方形混凝土砖结构尺寸图	图集名	09T-SZ-01
	页	38

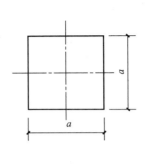

1号板平面图

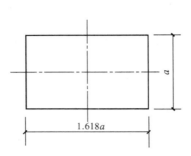

2号板平面图

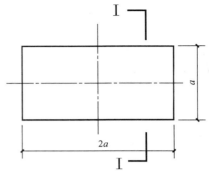

3号板平面图

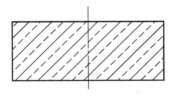

I－I

人行道板常用样式选用表

序号	规　格 （长×宽×厚）	备注
①	$a \times a \times d$	正方形
②	$1.618a \times a \times d$	长方形满足黄金分割比例
③	$2a \times a \times d$	长方形
④	$3a \times a \times d$	长方形

注：1. 图中尺寸均以厘米为单位；

2. 铺砌石材时灰缝预留宽度 δ＝3～5mm，用干石灰中砂扫缝后洒水封缝；

3. 石材表面必须作防滑处理；

4. 对于仿古建筑项目，板的尺寸可采用市制单位。

	天然石材板结构图	图集名	09T-SZ-01
		页	39

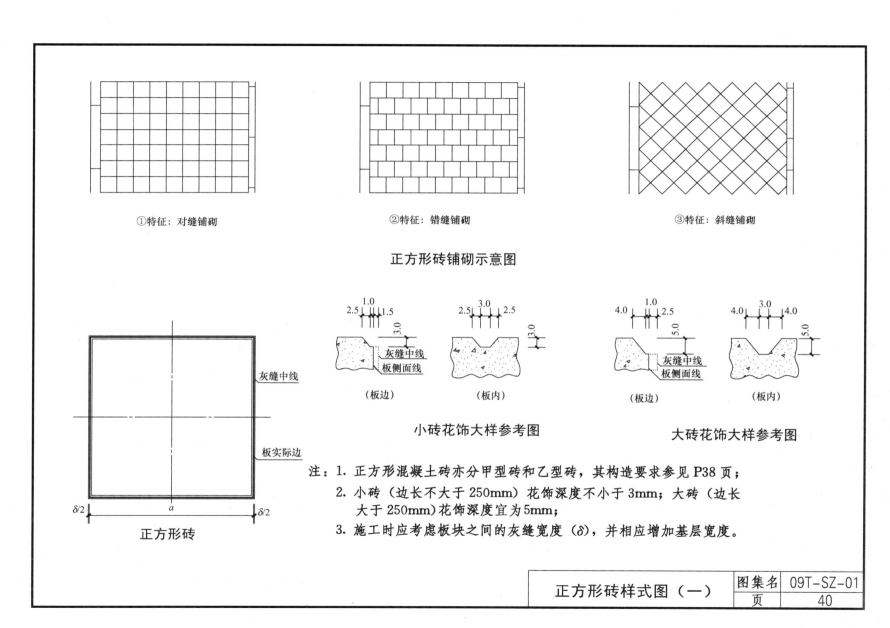

①特征：对缝铺砌

②特征：错缝铺砌

③特征：斜缝铺砌

正方形砖铺砌示意图

灰缝中线
板侧面线

（板边）　（板内）

小砖花饰大样参考图

灰缝中线
板侧面线

（板边）　（板内）

大砖花饰大样参考图

灰缝中线

板实际边

$\delta/2$　　a　　$\delta/2$

正方形砖

注：1. 正方形混凝土砖亦分甲型砖和乙型砖，其构造要求参见 P38 页；

　　2. 小砖（边长不大于 250mm）花饰深度不小于 3mm；大砖（边长大于 250mm）花饰深度宜为 5mm；

　　3. 施工时应考虑板块之间的灰缝宽度（δ），并相应增加基层宽度。

正方形砖样式图（一）	图集名	09T-SZ-01
	页	40

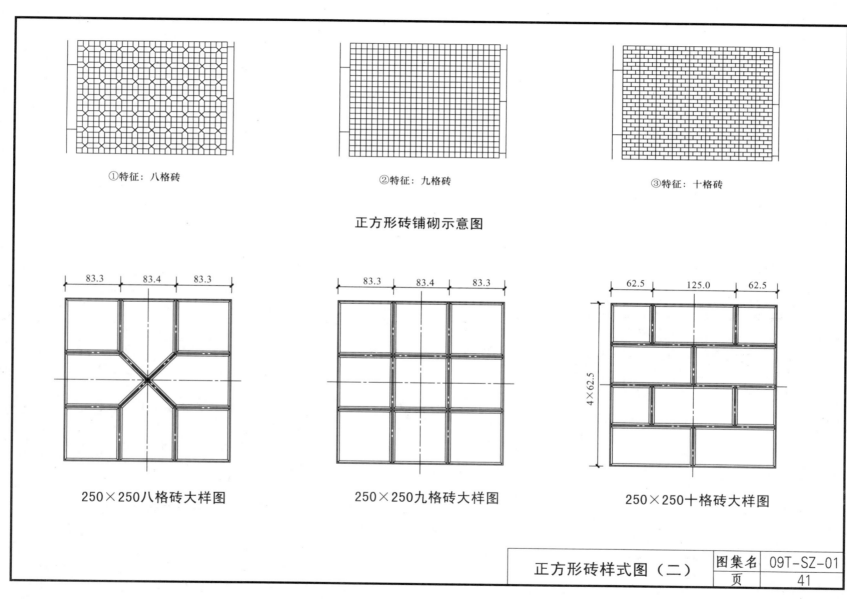

①特征：八格砖　　　　　　　②特征：九格砖　　　　　　　③特征：十格砖

正方形砖铺砌示意图

83.3　83.4　83.3　　　　　　83.3　83.4　83.3　　　　　62.5　125.0　62.5

4×62.5

250×250八格砖大样图　　　　250×250九格砖大样图　　　　250×250十格砖大样图

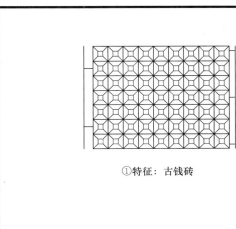

①特征：古钱砖

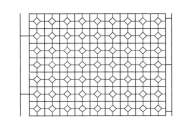

②特征：菱格砖

③特征：魔幻砖

正方形砖铺砌示意图

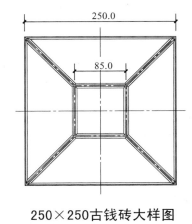

250×250古钱砖大样图

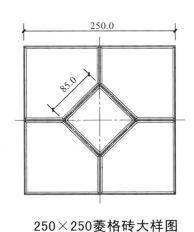

250×250菱格砖大样图

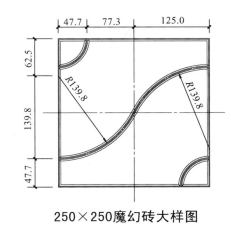

250×250魔幻砖大样图

正方形砖样式图（三）	图集名	09T-SZ-01
	页	42

①特征：直铺

②特征：斜铺

西班牙砖铺砌示意图

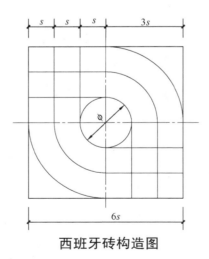

西班牙砖构造图

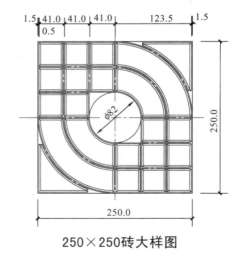

250×250砖大样图

| | 图集名 | 09T-SZ-01 |
|西班牙砖样式图| 页 | 43 |

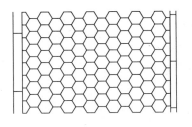

①特征：直铺

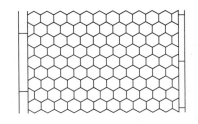

②特征：横铺

六角形砖铺砌示意图

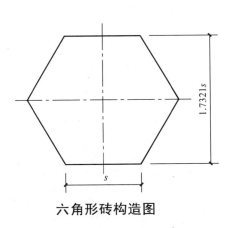

六角形砖构造图

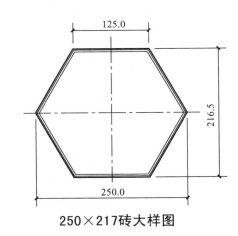

250×217砖大样图

<table>
<tr><td rowspan="2">六角形砖样式图（一）</td><td>图集名</td><td>09T-SZ-01</td></tr>
<tr><td>页</td><td>44</td></tr>
</table>

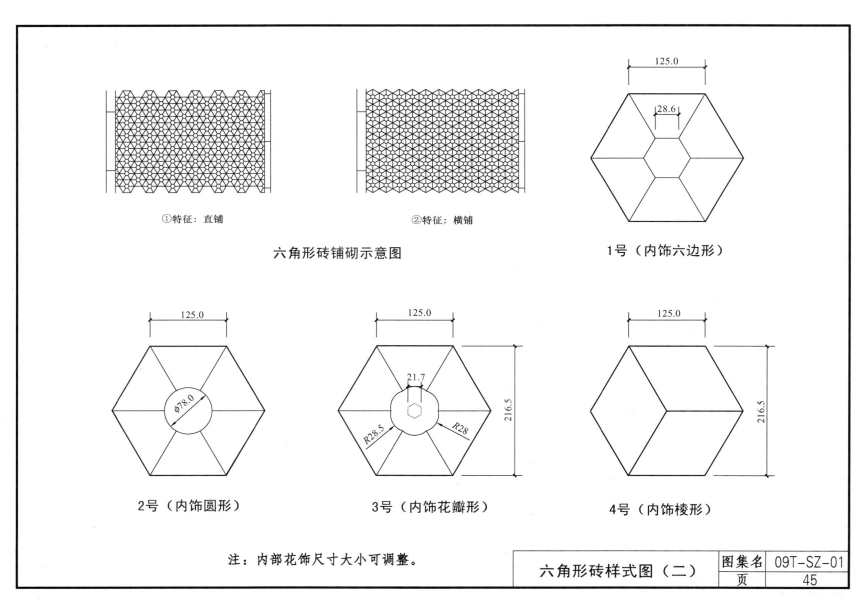

①特征：直铺　　　　　　　　　　②特征：横铺

六角形砖铺砌示意图

1号（内饰六边形）

125.0

28.6

2号（内饰圆形）

φ78.0

125.0

3号（内饰花瓣形）

125.0

21.7

R28.5　　R28

216.5

4号（内饰棱形）

125.0

216.5

注：内部花饰尺寸大小可调整。

六角形砖样式图（二）

图集名 09T-SZ-01
页 45

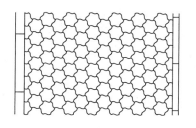

①特征：直铺

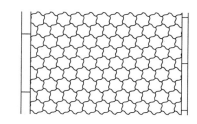

②特征：横铺

星形砖铺砌示意图

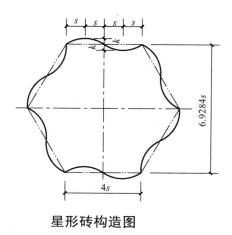

星形砖构造图

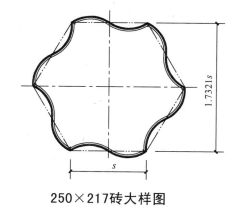

250×217砖大样图

星形砖样式图	图集名	09T-SZ-01
	页	46

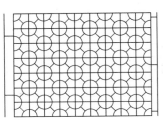

① ② ③

花瓶砖铺砌示意图

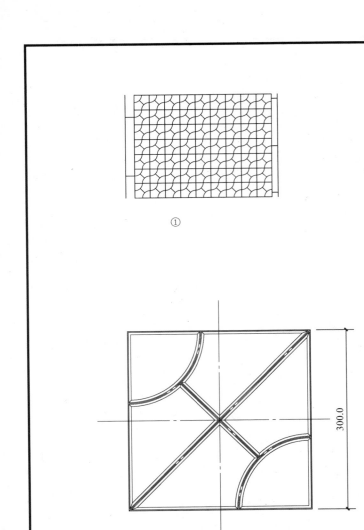

花瓶砖大样图（二）

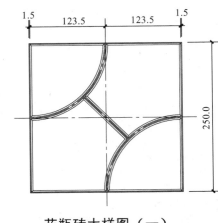

花瓶砖大样图（一）

注：花瓶砖边长大于250mm时，
内部花饰采用图二。

| 花瓶砖样式图 | 图集名 | 09T-SZ-01 |
| | 页 | 47 |

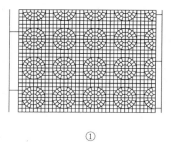

①

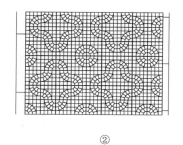

②

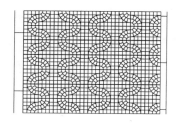

③

新西兰砖铺砌示意图

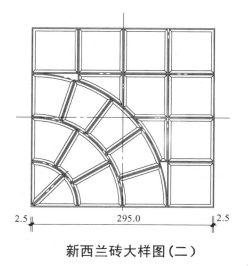

2.5　　　　295.0　　　　2.5

新西兰砖大样图（二）

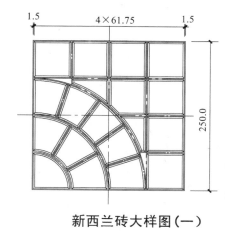

1.5　　4×61.75　　1.5

250.0

新西兰砖大样图（一）

注：新西兰砖边长大于250mm时，
　　内部花饰采用图二。

新西兰砖样式图

图集名	09T-SZ-01
页	48

51

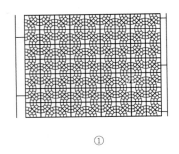

①

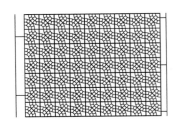

②

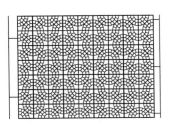

③

芬兰砖铺砌示意图

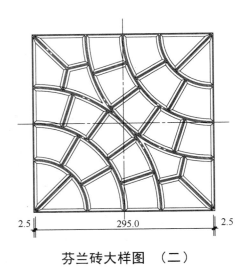

2.5   295.0   2.5

芬兰砖大样图 （二）

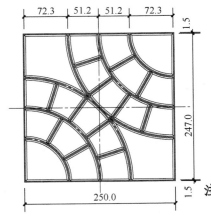

72.3   51.2   51.2   72.3

1.5

247.0

1.5

250.0

芬兰砖大样图 （一）

注：芬兰砖边长大于250mm时，内部花饰采用图二。

芬兰砖样式图	图集名	09T-SZ-01
	页	49

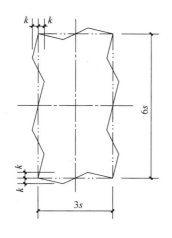

波浪形砖构造图

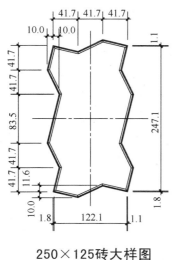

250×125砖大样图

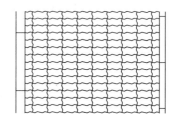

①特征：直铺

②特征：横铺

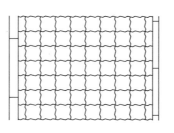

③特征：双波砖

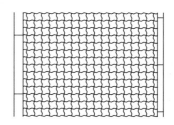

④特征：半块波砖

波浪砖铺砌示意图

注：1. 波浪砖铺砌图案还可以组合成错缝直铺、错缝横铺；
2. 砖周边也可设计成圆弧形，参见星形砖。

| 波浪形砖样式图 | 图集名 | 09T-SZ-01 |
| | 页 | 50 |

①特征：直铺

枫叶板铺砌示意图

②特征：横铺

枫叶形砖大样图（二）

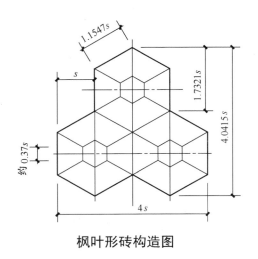

枫叶形砖构造图

枫叶形砖大样图（一）

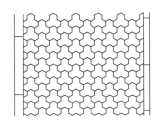

图集名	09T-SZ-01
枫叶形砖样式图	
页	51

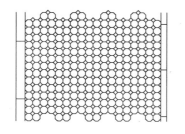

①特征：直铺

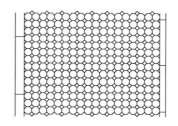

②特征：横铺

四联拍砖铺砌示意图

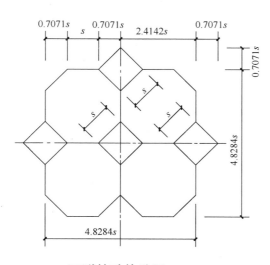

四联拍砖构造图

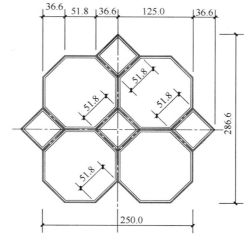

250×287砖大样图

四联拍砖样式图

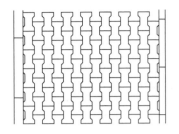

①特征：直铺

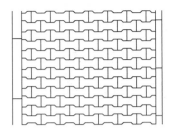

②特征：横铺

工字砖铺砌示意图

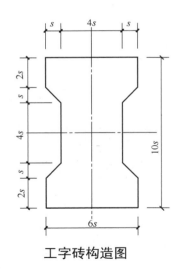

工字砖构造图

250×150砖大样图

工字形砖样式图

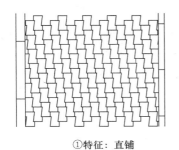

①特征：直铺

②特征：横铺

③特征：斜铺

Z字砖铺砌示意图

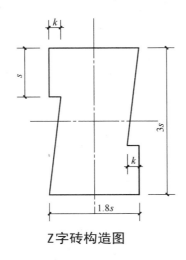

Z字砖构造图

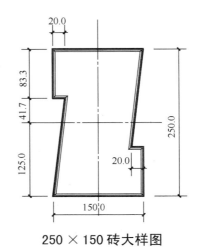

250×150砖大样图

	Z字形砖样式图	图集名	09T-SZ-01
		页	54

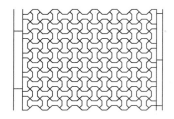

①特征：直铺

②特征：斜铺

狗骨头形砖铺砌示意图

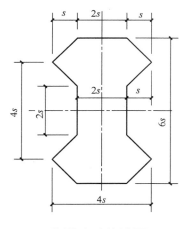

狗骨头砖构造图

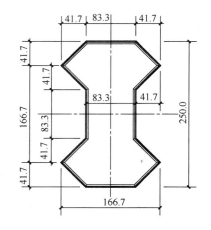

250×167砖大样图

狗骨头形砖样式图	图集名	09T-SZ-01
	页	55

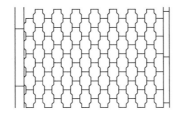

①特征：直铺

②特征：横铺

宫灯形砖铺砌示意图

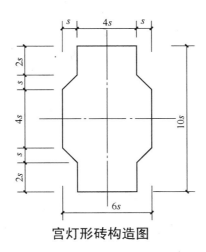

宫灯形砖构造图

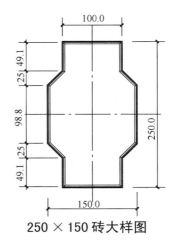

250×150砖大样图

宫灯形砖样式图

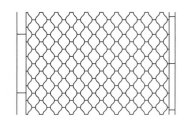

①特征：直铺

②特征：铺

灯笼形砖铺砌示意图

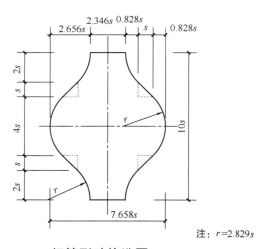

注：$r=2.829s$

灯笼形砖构造图

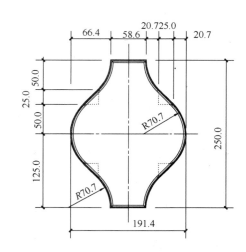

250×191砖大样图

灯笼形砖样式图	图集名	09T-SZ-01
	页	57

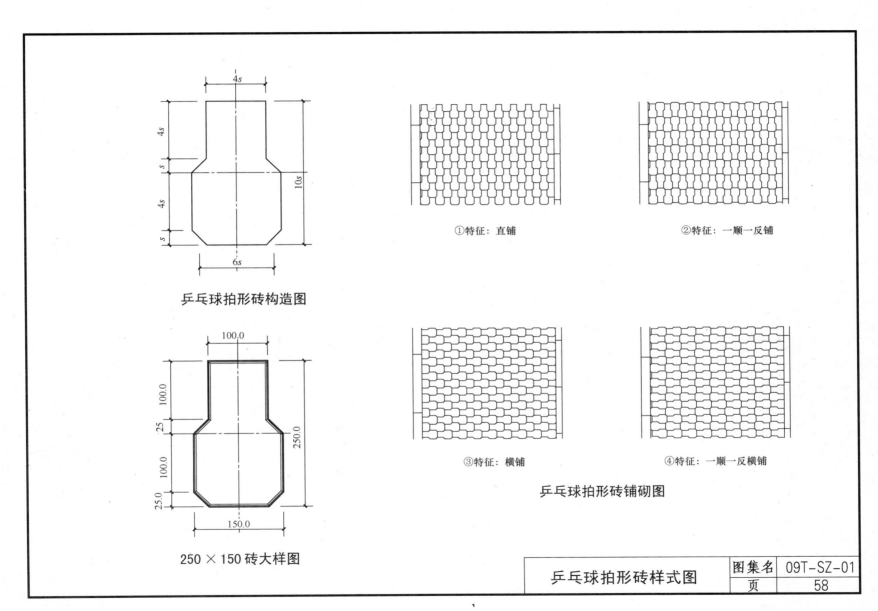

乒乓球拍形砖构造图

250×150砖大样图

①特征：直铺

②特征：一顺一反铺

③特征：横铺

④特征：一顺一反横铺

乒乓球拍形砖铺砌图

乒乓球拍形砖样式图

图集名	09T-SZ-01
页	58

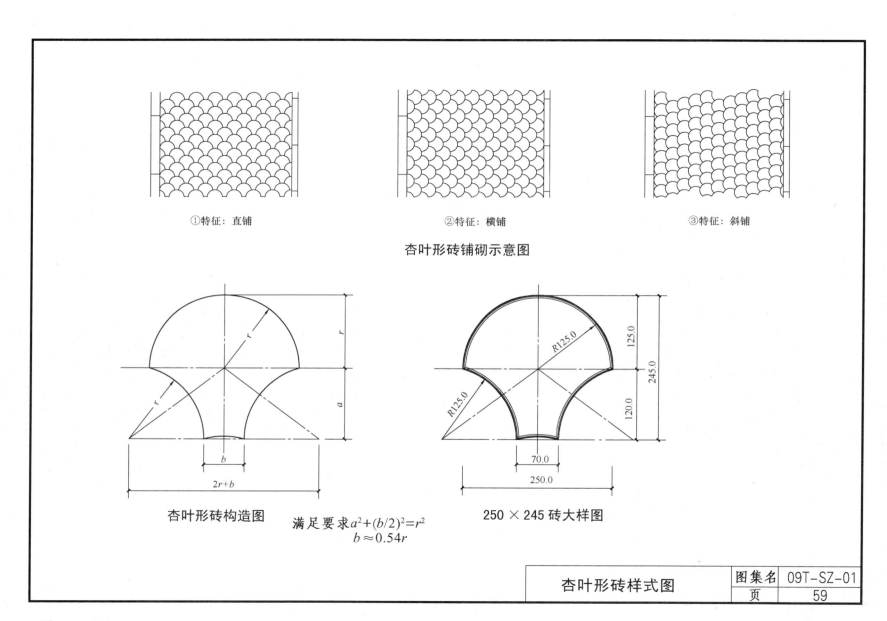

①特征：直铺

②特征：横铺

③特征：斜铺

杏叶形砖铺砌示意图

杏叶形砖构造图

满足要求$a^2+(b/2)^2=r^2$
$b \approx 0.54r$

250×245砖大样图

杏叶形砖样式图

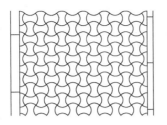

葫芦形砖铺砌示意图

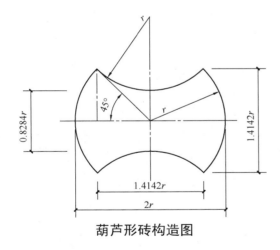

葫芦形砖构造图

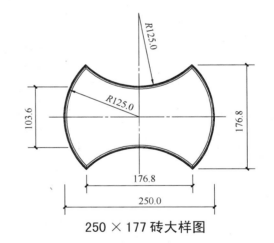

250×177砖大样图

| 葫芦形砖样式图 | 图集名 | 09T-SZ-01 |
| | 页 | 60 |

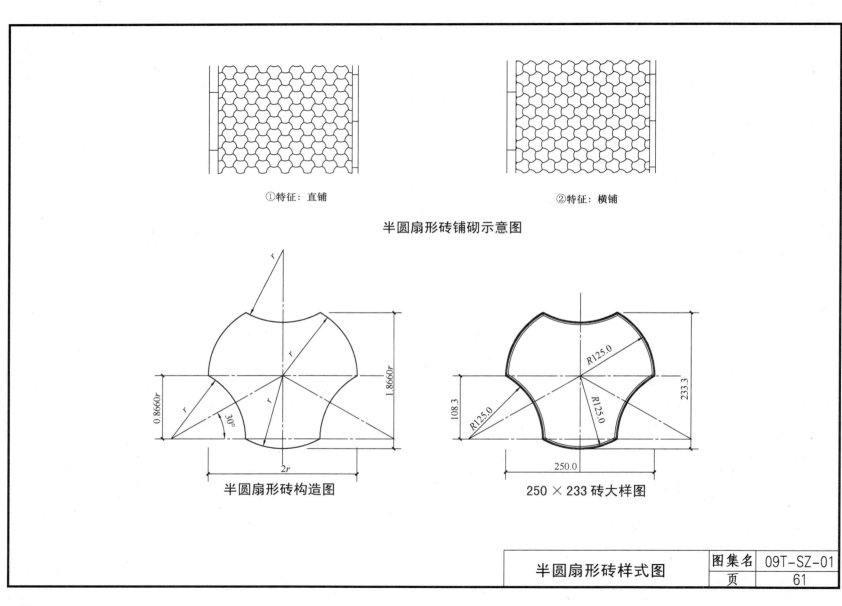

①特征：直铺　　　　　　　　②特征：横铺

半圆扇形砖铺砌示意图

半圆扇形砖构造图

250×233砖大样图

半圆扇形砖样式图

图集名 09T-SZ-01

页 61

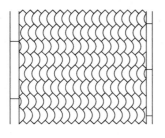

①特征：直铺

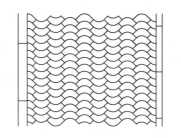

②特征：横铺

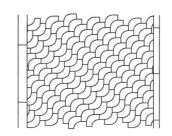

③特征：斜铺

月弯形砖铺砌示意图

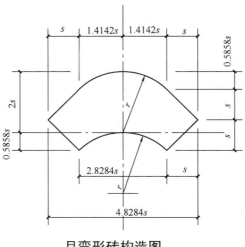

月弯形砖构造图

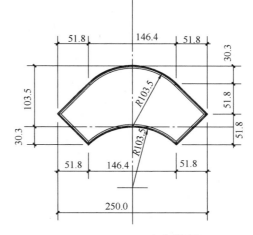

250×134砖大样图

月弯形砖样式图

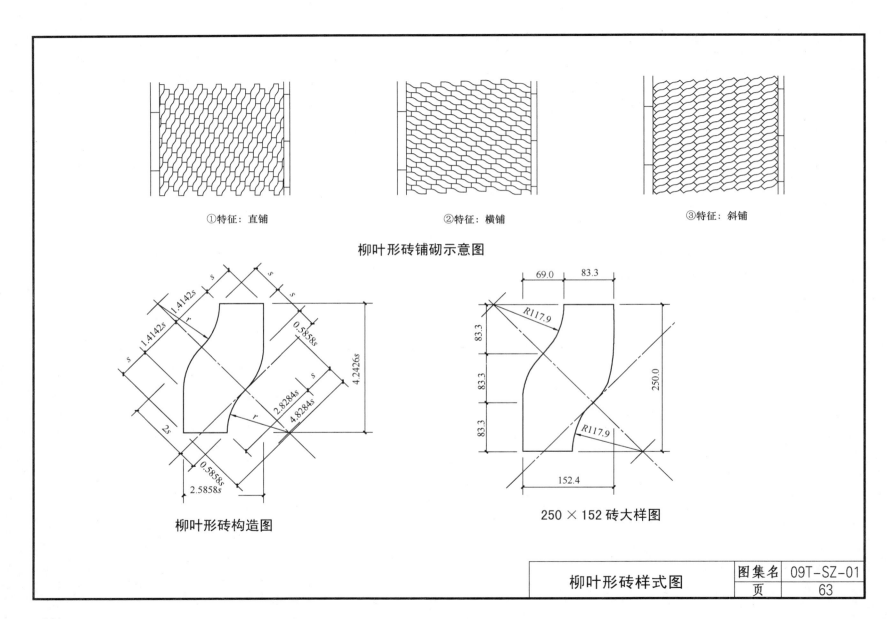

①特征：直铺

②特征：横铺

③特征：斜铺

柳叶形砖铺砌示意图

柳叶形砖构造图

250×152 砖大样图

	图集名	09T-SZ-01
柳叶形砖样式图	页	63

面砖类型	混凝土路面砖							
	名　称	机压砖规格（cm）	塑模砖规格（cm）	每平方米铺砌数量（块）	名　称	机压砖规格（cm）	塑模砖规格	每平方米铺砌数量（块）
参考尺寸	荷兰砖	20×10×5	20×10×4	47.826	狗骨头砖	20×13.3×5		55.645
		25×12.5×6	25×12.5×5	30.637		25×16.7×6		35.714
	西班牙砖	25×25×6	25×25×5	15.379	宫灯形砖	20×12×5		49.559
		30×30×7		10.750		25×15×6		31.773
	六边形砖	25×21.7×6		24.510	灯笼形砖	20×15.3×5		49.559
		40×34.6×7		9.567		25×19.1×6		31.785
	波浪形砖	20×10×5		49.662	乒乓球拍形砖	20×12×5		49.559
		25×12.5×6		31.746		25×15×6		31.773
	枫叶形砖	20×20.2×5	20×20.2×4	38.185	杏叶形砖	20×19.6×5		40.380
		25×25.3×6	25×25.3×5	24.390		25×24.5×6		25.883
	四联拍形砖	25×28.7×6	25×25×5	15.873	葫芦形砖	20×14.1×5		49.532
		30×30×7		11.035		25×17.7×6		31.760
	工字形砖	20×12×5		49.500	半圆扇形砖	20×18.7×5		38.212
		25×15×6		31.746		25×23.3×6		24.450
	Z字形砖	20×12×5		45.312	月弯形砖	25×13.4×6		48.288
		25×15×6		29.240	柳叶形砖	25×15.2×6		37.316

注：1. 机压混凝土板常用厚度为5cm、6cm、7cm、8cm；塑模混凝土板常用厚度为4cm、5cm；
　　2. 板铺砌的灰缝宽度δ与板长有关（当板长不大于250cm时δ取3mm、板长大于250cm时δ取5mm）。

人行道板常用规格表（一）

图集名	09T-SZ-01
页	64

面砖类型	花 岗 石						广 场 砖	
	正方板规格（cm）	每平方米铺砌数量（块）	长方形板规格（cm）	每平方米铺砌数量（块）	长方形板规格（cm）	每平方米铺砌数量（块）	规格（cm）	每平方米铺砌数量（块）
参考尺寸	10×10×1.5	94.260	16×10×1.8	59.563	20×10×2	47.826	100×100×12	75.614
	15×15×1.5	42.719	24×15×2.5	26.897	30×15×3	21.429	100×100×15	
	20×20×2	24.267	32×20×3	15.157	40×20×4	12.163	108×108×12	66.098
	25×25×2.5	15.623	40×25×4	9.759	50×25×5	7.827	108×108×15	
	30×30×3	10.750	49×30×5	6.624	60×30×6	5.393	150×150×12	36.731
	35×35×3.5	7.935	57×35×6	4.874	70×35×7	3.979	150×150×15	
	40×40×4	6.097	65×40×6.5	3.752	80×40×8	3.048	190×190×12	23.795
	45×45×4.5	4.830	73×45×7	2.978	90×45×9	2.415	190×190×15	
	50×50×5	3.921	81×50×8	2.415	100×50×10	1.961	200×200×12	21.633
	55×55×5.5	3.212	89×55×9	1.991	110×55×11	1.612	200×200×15	
	60×60×6	2.705	97×60×9.5	1.678	120×60×12	1.357	210×210×12	19.753
	65×65×6.5	2.310	105×65×10	1.434			210×210×15	
	70×70×7	1.995					315×315×15	9.183
	75×75×7.5	1.740					315×315×18	
	80×80×8	1.524						

注：1. 石材铺砌灰缝宽度δ与板长有关（当板长不大于250cm时δ取3mm、板长300～500cm时δ取5mm、板长550～750cm时δ取8mm、板长800～1050cm时δ取10mm、板长1050～1200cm时δ取12mm）；

2. 广场砖铺砌灰缝宽度δ取15mm。

人行道板常用规格表（二）

图集名	09T-SZ-01
页	65